Aborder
la linguistique

Aborder
la linguistique

Dominique Maingueneau

Aborder
la linguistique

ÉDITION REVUE ET AUGMENTÉE

Éditions du Seuil

ISBN 978-2-7578-5415-0
(ISBN 978-2-02-023031-5, 1re publication)

© Éditions du Seuil, 1996, et 2009,
pour la nouvelle édition

Le Code de la propriété intellectuelle interdit les copies ou reproductions destinées à une utilisation collective. Toute représentation ou reproduction intégrale ou partielle faite par quelque procédé que ce soit, sans le consentement de l'auteur ou de ses ayants cause, est illicite et constitue une contrefaçon sanctionnée par les articles L. 335-2 et suivants du Code de la propriété intellectuelle.

Avertissement

Cet ouvrage n'est pas une simple réédition ni même une actualisation d'*Aborder la linguistique*, qui était paru en 1996 dans une autre collection des éditions du Seuil. Son volume a doublé. Le texte de départ et l'architecture d'ensemble ont été conservés mais des développements nouveaux ont été introduits, avec tous les réaménagements que cela implique dans le détail. Cela a permis à la fois de tenir compte d'un certain nombre d'évolutions des sciences du langage et d'expliciter de nombreux points qui étaient auparavant très allusifs, faute de place. Nous espérons qu'ainsi transformé ce petit livre recevra un accueil aussi favorable que le précédent.

1

De la grammaire à la linguistique

Une discipline ancienne

Les débuts

Il est très difficile d'assigner un commencement à la science linguistique, car tout dépend du caractère que l'on juge le plus important pour définir la scientificité d'un savoir. Une chose est sûre : la réflexion grammaticale n'a pu apparaître qu'après l'invention de l'écriture ; d'ailleurs, le terme *grammaire* vient du grec *grammè*, qui désigne le caractère écrit.

Chez les Akkadiens au IIe millénaire avant J.-C. on trouve déjà la trace d'un enseignement grammatical de la langue sumérienne, mais la réflexion linguistique rigoureuse la plus ancienne est probablement celle des grammairiens indiens (en particulier Pāṇini, au IVe siècle avant J.-C.), qui ont analysé le sanskrit. La grammaire de Pāṇini est une sorte de monument, par sa précision et sa systématicité. Elle parvient à synthétiser la grammaire sanskrite en 4 000 règles. Ce sont surtout ses descriptions phonétiques qui ont impressionné les linguistes. On n'atteindra au même degré de précision en Occident que lorsqu'on pourra procéder à des études expérimentales, à la fin du XIXe siècle. Mais cette exigence de précision s'appuyait alors sur des contraintes religieuses : une prière qui aurait été mal récitée, ne serait-ce qu'en raison d'une erreur sur la longueur d'une syllabe, aurait disqualifié l'ensemble du rituel.

L'Antiquité grecque

Dans la culture occidentale, l'étude du langage est surtout tributaire des Grecs, qui, eux, ont essayé d'analyser leur langue hors de tout cadre mythique ou religieux.

L'avènement de la démocratie grecque (fin du VIe siècle av. J.-C.) a fait passer au premier plan le souci de maîtriser les ressorts de l'argumentation judiciaire ou politique, ce qui a suscité l'apparition de professionnels, de techniciens de la parole, **les sophistes** (Ve siècle av. J.-C.). Maîtres en **rhétorique**, désireux de fournir aux élèves qui les payaient les moyens de s'imposer par la parole, ils ont considéré le langage comme un instrument dont il fallait analyser les ressources pour le mobiliser à son profit. Ce courant aboutit à divers ouvrages, en particulier la *Rhétorique* d'Aristote (384-322 av. J.-C.), livre qui exerça une influence considérable sur l'Occident pendant plus de deux millénaires.

À côté de cette approche rhétorique qui voit dans le langage un moyen d'agir sur autrui se développe, dans la mouvance de l'activité philosophique, une réflexion très différente sur le langage, une réflexion **logique** qui tente d'articuler langage et vérité, de mettre en relation la structure du langage et celle des propositions par lesquelles l'esprit énonce des jugements vrais ou faux sur le monde. On insiste alors sur la complémentarité fondamentale entre « sujet » et « prédicat » dont l'association définit la proposition. S'ouvre ainsi la voie pour une théorie des « parties du discours » (nom, verbe, adjectif…). Ici encore il faut citer le nom d'Aristote.

Plus tardivement s'est dégagée une approche proprement **grammaticale**, en particulier avec les grammairiens d'Alexandrie (à cette époque la dynastie qui règne sur l'Égypte est d'origine grecque). Denys de Thrace (170-90 av. J.-C.) écrit la première grammaire systématique du grec, où sont distinguées les parties du discours (article, nom, pronom, verbe, participe, adverbe, préposition, conjonction), encore en usage aujourd'hui. Mais il ne faut pas commettre d'anachronisme : chez ces Alexandrins l'intérêt pour la langue est inséparable d'une préoccupation **philologique**, celle de fixer et de rendre plus accessibles les textes littéraires prestigieux (les œuvres d'Homère surtout), dont la langue était très éloignée du grec des IIe et IIIe siècles. Il s'agissait d'étudier la langue « pure », celle des grands écrivains ; Denys de Thrace définissait ainsi la grammaire comme « la connaissance de l'usage des poètes et des prosateurs ». Dans cette optique, le mot « grammaire » prend tout son sens : il s'agit d'étudier la langue écrite, voire littéraire.

Les Grecs ont également défini les termes de deux débats de philosophie du langage qui ont traversé les siècles. Le premier opposait les « analogistes », qui pensaient que les langues ont une structure régulière et peuvent donc faire l'objet d'une science, et les « anomalistes », pour qui les langues n'étaient qu'une somme d'habitudes, d'usages qui ne forment pas un tout cohérent. Le second débat divisait ceux qui pensent qu'il existe une relation naturelle entre les mots et leur sens et ceux qui considèrent que la relation entre les unités de la langue et leur sens est « arbitraire ».

Grammaires latine et médiévale

La grammaire latine n'a pas apporté d'innovations considérables par rapport à la grammaire grecque, et ceci d'autant plus que les deux langues ont des structures assez semblables : elles disposent en particulier l'une et l'autre de déclinaisons. Les deux grammairiens latins dont les noms sont passés à la postérité sont des auteurs de manuels : **Varron** (Ier siècle avant J.-C.), auteur d'un *De Lingua latina*. Plus tard, on attribue à **Donat** (IVe siècle) un *Ars grammatica* (un « Art grammatical ») qui sera la base de l'enseignement du latin pendant tout le Moyen Âge.

Jusqu'à la Renaissance le latin domine en effet la vie culturelle. La novation majeure de la réflexion médiévale sur le langage est l'élaboration au XIIIe siècle d'une « grammaire spéculative », ainsi nommée parce que la langue y est considérée comme le miroir (*speculum* en latin) de la réalité. Les philosophes dits « modistes » qui s'inscrivent dans ce courant étudient les *modes* de construction et de signification ; ils examinent le langage en général, et non les spécificités de chaque langue particulière. Les deux philosophes modistes majeurs sont Guillaume de Conches et Pierre Hélie.

Grammaire humaniste et grammaire classique
(XVIe-XVIIIe siècle)

La Renaissance se caractérise par un double mouvement de développement d'une philologie du grec et du latin et d'élaboration de grammaires pour les langues dites « vernaculaires » contemporaines (l'italien, le français, l'espagnol, le portugais, l'anglais…). Il n'est donc pas étonnant qu'on ait eu longtemps tendance à utiliser les catégories des grammaires grecques et latines pour analyser ces langues vernaculaires. C'est ainsi qu'un des plus grands humanistes français, Henri Estienne, publia un ouvrage au titre significatif : *Traité de la conformité du langage français avec le grec* (1569). L'intérêt pour les langues contemporaines était également lié à l'apparition de l'État moderne, qui prétendait appuyer son pouvoir sur une langue normée. Au XVIᵉ siècle paraissent les premières grammaires, en particulier celle de Louis Meigret (1510-1558) intitulée *Traité de la grammaire française* (1550). L'importance accordée aux langues vernaculaires oblige les grammairiens à prendre en compte un grand nombre de phénomènes linguistiques qui n'ont pas d'équivalent en latin et en grec. La découverte du Nouveau Monde, les voyages dans les pays lointains vont même faire découvrir des langues qui n'ont aucune parenté avec les langues occidentales et fonctionnent très différemment.

Au XVIIᵉ siècle naît la **lexicographie** moderne. L'Académie française fondée en 1635 par Richelieu va publier en 1694 un *Dictionnaire de la langue française*. En outre, à côté des grammaires traditionnelles se développe une « grammaire générale » dont l'ouvrage emblématique est la *Grammaire générale et raisonnée*, dite « grammaire de Port-Royal » (1660) d'A. Arnauld et C. Lancelot. Pour ce courant fortement inspiré par la pensée de Descartes, l'étude des formes grammaticales est subordonnée à une théorie des relations logiques. Le langage est en effet conçu comme une *représentation de la pensée* à l'aide de signes : en analysant les langues on doit donc remonter au fonctionnement de la pensée, aux principes rationnels universels auxquels sont soumises toutes les langues. Ce courant va se prolonger au XVIIIᵉ siècle, en particulier chez N. Beauzée (1717-1789), qui a rédigé une bonne part des articles de grammaire de l'*Encyclopédie* dirigée par D. Diderot.

Le comparatisme et la grammaire historique

Au tournant du XVIIIe et du XIXe siècle se produit une transformation profonde de la manière dont on étudie la langue ; elle aboutira au début du XXe siècle à l'émergence de la **linguistique** moderne. Cette transformation est liée aux efforts pour reconstruire une langue perdue, l'**indo-européen**, grâce à une méthode, le **comparatisme**.

L'indo-européen et le comparatisme

En 1786, l'Anglais William Jones signale qu'il existerait une parenté entre le latin, le grec, le sanskrit (langue sacrée de l'Inde) et d'autres langues, en particulier germaniques. S'en est suivi un travail de comparaison systématique de ces langues avec d'autres, qu'on a annexées à cet ensemble. Deux grands noms se détachent dans cette entreprise comparatiste : ceux du Danois Rasmus Rask (1787-1832) et de l'Allemand Franz Bopp (1791-1867). Le premier écrit en 1814 une *Investigation sur l'origine du vieux norrois ou islandais* qui montre la parenté entre islandais, langues scandinaves et germaniques, grec, latin, lituanien, slave, arménien. Le second publie en 1816 un mémoire *Sur la conjugaison du sanskrit, comparée avec celle du grec, du latin, du persan et du germanique*. À partir de ces travaux pionniers un énorme champ de recherche s'est ouvert, celui de la **grammaire comparée**. Pour parler d'origine commune entre diverses langues, on s'appuie sur des similitudes morphologiques régulières entre elles, beaucoup plus que sur le vocabulaire, qui est susceptible d'avoir été emprunté par une langue à une autre sans qu'il y ait de parenté entre elles.

Les comparatistes ont ainsi postulé l'existence d'une langue, qu'ils ont appelée l'**indo-européen** (que les Allemands, de leur côté, ont préféré nommer « indo-germanique »), dont dériveraient diverses familles de langues : familles slave, balte, germanique, celtique, romane, indienne, iranienne, mais aussi le grec, l'albanais, l'arménien. Sont également issues de l'indo-européen des langues disparues d'Asie mineure, comme le hittite, le thrace ou le phrygien. La singularité de l'indo-européen est que cette langue n'est attestée par aucun document : elle est *reconstruite* de manière hypothétique en comparant rigoureusement le lexique, la morphologie et la syntaxe des langues qui sont supposées en être issues.

Une telle transformation des études linguistiques implique une conception des langues comme réalités profondément historiques, intimement liées à la vie et à la mentalité des peuples qui les parlent. En outre, cette approche accorde un rôle central à la notion de « loi », en particulier de « loi phonétique ». Pour expliquer la transformation de tel ou tel ensemble de faits on découvre des régularités qui s'expriment dans des lois (par exemple à un moment T la voyelle *o* devient *uo* si certaines conditions (caractère accentué ou non, nature de la consonne qui suit, etc.) sont réunies. Ce mode de raisonnement tend à rapprocher la démarche du linguiste et celle des savants qui travaillent dans les sciences de la nature.

La fin du XIXe siècle

Dans la seconde moitié du XIXe siècle, la **phonétique** (étude de la production et de la substance physique des sons du langage) devient une véritable science expérimentale. De nouveaux instruments permettent de donner une base solide aux découvertes anciennes et d'en faire de nouvelles. C'est la période pendant laquelle se développe une **dialectologie** rigoureuse, qui vise à étudier les variations sociales et géographiques, en particulier les « patois ». On développe des *méthodes d'enquête* sophistiquées et on recourt massivement aux cartes géographiques pour projeter les résultats. L'intérêt se centre alors sur *les locuteurs*, sur ceux qui parlent les dialectes, et non plus seulement sur les traces écrites laissées par un lointain passé.

Au début du XXe siècle, un certain nombre de courants poussent à se détourner de l'étude de l'histoire des langues pour s'intéresser à leur fonctionnement présent. Ce mouvement est renforcé par l'essor de disciplines nouvelles comme la psychologie et la sociologie, dont la visée est précisément de comprendre les principes qui permettent aux sociétés ou à la pensée de fonctionner. Les conditions sont ainsi réunies pour que se développe non plus une « grammaire historique » ou une « philologie » mais une **linguistique**. Cette dernière va s'enrichir tout au long du XXe siècle, à travers de multiples courants. Dans la première moitié du siècle, c'est le courant du **structuralisme** qui va dominer. Sa figure majeure est le linguiste suisse Ferdinand de Saussure (1857-1913), dont les élèves ont publié en 1916, de manière posthume, un *Cours de linguistique générale* qui allait exercer une grande influence.

Grammaire traditionnelle et linguistique

La linguistique contemporaine ne s'est pas édifiée seulement contre la grammaire historique, en définissant véritablement l'étude du langage comme une science au sens moderne du terme, c'est-à-dire une démarche qui procède par hypothèse et vérification et qui élabore des modèles formels. Pour s'affirmer, la linguistique moderne a aussi dû se dégager d'un ensemble beaucoup plus ancien et beaucoup plus vaste et qui imprègne fortement les mentalités : la **grammaire traditionnelle**. Cette dernière est une pratique scolaire, présente à tous les niveaux de l'enseignement primaire et secondaire, qui s'est développée depuis la Renaissance à partir des grammaires grecques et latines et qui a régné sans partage jusqu'aux années 1960, moment où un certain nombre de ses présupposés ont été contestés par des problématiques issues de la linguistique. Celle-ci se distingue de la grammaire traditionnelle par quelques traits :

– **Elle est descriptive.** La linguistique vise à *décrire* les faits de langue sans porter sur eux de jugement de valeur. Comme la biologie ou la psychologie, elle se veut une science *empirique*, dont les données sont constituées de ce qui se dit effectivement dans une communauté linguistique. La grammaire traditionnelle, elle, est **normative** : elle doit enseigner l'usage de la langue qui est jugé correct et s'efforce d'y rendre conformes les productions écrites et orales des élèves.

– **Elle ne privilégie aucune langue.** La grammaire traditionnelle est attachée à une langue particulière, car le grammairien entretient un rapport personnel avec *sa* langue. Le linguiste, au contraire, n'est pas l'homme d'*une* langue particulière, mais du langage. Quand il étudie sa langue maternelle, il doit s'efforcer de l'appréhender comme si c'était une langue étrangère.

– **Elle ne privilégie pas l'écrit.** La grammaire traditionnelle accorde la primauté à l'usage écrit, voire littéraire, de la langue, et ignore l'oral. C'est ainsi que jusqu'à une date récente la plupart des exemples des grammaires étaient empruntés aux œuvres des grands écrivains. De son côté, le linguiste n'ignore pas la spécificité du fonctionnement de l'écrit, mais il n'en fait pas la norme, implicite ou explicite.

La langue doit être appréhendée dans la diversité de ses fonctionnements, oral et écrit.

Dans ces conditions, on comprend qu'en général les linguistes n'aiment pas se dire « grammairiens ». Quand ils utilisent le terme *grammaire*, ils lui confèrent un sens distinct. Ils ne disent pas qu'ils « font de la grammaire », mais qu'ils ont pour objectif de « construire des grammaires ». Pour eux, la *grammaire* désigne en effet un *modèle*, au sens scientifique du terme, de la langue. Une *grammaire du français* sera donc un modèle partiellement ou totalement formalisé des règles de fonctionnement de la langue française. Ils emploient aussi « grammaire » pour des ensembles restreints de phénomènes linguistiques ; on parlera ainsi de « grammaire des appositions », de « grammaire de la phrase », etc.

2

La linguistique, science du langage

Langues et langage

La linguistique moderne se définit comme la **science du langage**, qu'elle cherche à étudier à travers la diversité des **langues naturelles** parlées sur la Terre. Encore faut-il s'entendre sur cette notion de « langage ». Dans l'usage courant on parle de « langage juridique », de « langage journalistique », on dit aussi que chaque groupe social a « son langage ». On utilise même « langage » pour désigner des modes de communication variés : de la programmation des ordinateurs (il y a des « langages de programmation ») aux signaux entre animaux (« le langage des abeilles »). Il existe même un « langage des fleurs » ou un « langage des yeux ».

La faculté de langage

Étudier *le langage*, c'est faire la description et l'histoire des quelques milliers de *langues* qui sont parlées sur la Terre, dont certaines n'ont plus qu'une poignée de locuteurs. En effet, le *langage* n'est pas saisissable en tant que tel, c'est un objet abstrait dont on postule l'existence pour rendre raison des *langues* existantes. La plupart des linguistes font l'hypothèse que, au-delà de leur diversité, toutes ces langues obéissent à des principes d'organisation communs, liés au fait qu'il existe une **faculté de langage** attachée à l'espèce humaine. En revanche, il n'existe aucun consensus sur la manière dont il convient de se représenter cette « faculté » : s'agit-il d'un système bien spécifique et relativement indépendant d'autres facultés mentales, ou est-il en interaction constante avec l'ensemble des autres systèmes de cognition ? quelle est la part de l'inné et de l'acquis dans l'aptitude à parler ? Ces questions classiques reçoivent les réponses les plus variées, dont on retrouve un certain nombre parmi les positions classiques en philosophie.

Il existe également un débat sur les relations entre la faculté de langage et les langues. Selon certains spécialistes, les propriétés communes aux diverses langues sont pauvres ; la plupart des phénomènes se manifesteraient dans les langues particulières, qui seraient autant de mondes étanches les uns aux autres. D'autres, au contraire, minimisent la spécificité des langues particulières, considérant que chacune n'est qu'une combinaison de processus et de catégories qui sont pour l'essentiel communs à toutes. Ce débat en croise un autre, qui porte sur la traduction : ceux qui replient chaque langue sur elle-même ont tendance à dire que la traduction est impossible.

De toute façon, on ne peut pas réduire les **langues** attestées (le russe, le français, le japonais...) à une simple mise en œuvre de la faculté de **langage**, c'est-à-dire à une réalité purement cognitive. Certes, il existe une faculté de langage, mais les diverses langues sont *le produit d'une histoire*, d'événements singuliers, avec tout ce que cela implique. Le seul fait qu'on parle français en France est une conséquence de l'invasion de la Gaule par les Romains, puisque le français est une langue issue du latin. En outre, si la prononciation du français est très différente de celle des autres langues romanes (par exemple, le français utilise des voyelles labiales comme *u* ou *eu*), c'est parce qu'il a été parlé par des peuples d'origine germanique, en particulier les Francs. Mais l'influence du latin s'est exercée sur d'autres plans, notamment sur la morphologie (c'est-à-dire les règles de formation des mots) du français. Le fait que pendant des siècles les locuteurs experts du français, ceux qui avaient le pouvoir de fabriquer et diffuser des mots nouveaux, aient eu une grande familiarité avec le latin les a amenés à fabriquer beaucoup de leurs mots sur le modèle du latin antique : ainsi, au lieu de dériver du verbe « recevoir » un mot comme « recevage » ils ont préféré utiliser le mot « réception », qui a été construit directement sur le latin classique *receptio*. Évidemment, ce phénomène est contraint par la faculté de langage, mais ce n'est pas elle qui suffit à l'expliquer.

Langage et métalangage

On ne peut parler d'une langue que dans son rapport avec une langue, que ce soit la même ou une autre. Un dictionnaire par exemple constitue un genre de textes dont la fonction est fondamentalement **métalinguistique**, puisqu'il est composé d'énoncés qui parlent des mots ou des constructions d'une langue. C'est cette activité dite *métalinguistique* qui rend la linguistique possible. Les linguistes ont beau recourir à des formalismes mathématiques, en dernière instance ceux-ci sont inclus dans des énoncés en langue naturelle.

Mais l'aptitude à faire des commentaires sur la langue n'est pas réservée au linguiste. Tous les sujets parlants ont une conscience **épilinguistique** (terme emprunté au linguiste A. Culioli), c'est-à-dire qu'ils exercent une activité métalinguistique plus ou moins spontanée qui ne fait pas l'objet d'un système de représentation explicite et rigoureux et se manifeste de multiples manières : aptitude à distinguer des noms ou des verbes, à faire des jeux de mots (« les obèses aiment les bourgs laids ») ou des rimes, à citer d'autres paroles, à commenter sa propre parole (« j'emploie ce mot au sens de Freud », « comme ils disent »…), etc. Il existe également des techniques plus ou moins codifiées de *maîtrise* de la langue : savoir s'exprimer comme il faut en fonction des circonstances, apprendre à parler une autre langue, maîtriser l'orthographe, faire des traductions, des mots croisés…

À la différence de ces pratiques, l'activité métalinguistique de la linguistique veut s'inscrire dans l'orbite des discours proprement scientifiques ; elle emploie un **métalangage** qui se veut rigoureusement contrôlé, où l'on fait un usage **autonyme** des signes, c'est-à-dire que les signes y renvoient à eux-mêmes : dans l'énoncé « *Cheval* est un nom », on a affaire à un emploi autonyme du signe linguistique « cheval », puisque le nom en italique se désigne lui-même en tant que mot et non en tant qu'animal dans le monde ; en revanche, l'emploi de « cheval » n'est pas autonyme si l'on dit « Mon cheval est malade ».

Le métalangage des linguistes recourt à des *termes* spécialisés (complément d'objet direct, préposition, anaphore, semi-voyelle…) mais aussi à des *symboles* et à des règles qui opèrent sur ces symboles, de manière à ne pas confondre la langue naturelle décrite et le métalangage qui permet de la décrire. Quand on trouve dans un ouvrage de linguistique qu'une phrase verbale repose sur la combinaison GN + GV, on utilise des symboles : GN désigne la catégorie « groupe nominal », GV la catégorie « groupe verbal », tandis que le symbole « + » marque la relation entre ces deux catégories.

La linguistique générale

On divise traditionnellement la recherche linguistique en deux grandes branches : la **linguistique générale** et la **linguistique descriptive**.

– La **linguistique générale** étudie les propriétés invariantes des langues et la manière dont elles évoluent, indépendamment de telle ou telle langue particulière. C'est donc un principe de linguistique générale de dire que toutes les langues sont des systèmes de signes construits sur la *double articulation* (voir p. 33) ou marquent l'*aspect* (le fait par exemple que la phrase « Je me lève tôt » évoque une habitude ou que la phrase « J'ai lu le livre » signifie qu'on a lu ce livre en entier sont des phénomènes qui relèvent de l'aspect).

– La **linguistique descriptive** étudie les propriétés des langues particulières (le français, le chinois…) ou des groupes de langues (germaniques, romanes…).

Ce qu'on appelle **linguistique contrastive** est un intermédiaire entre ces deux approches : on y compare systématiquement au moins deux langues, pour mettre en évidence leurs différences et leurs ressemblances. L'étude comparative du russe et du français, par exemple, fait ressortir que le russe ne dispose pas d'un système d'articles comme le français, mais qu'en revanche la conjugaison du verbe russe accorde une plus grande importance que le français aux phénomènes d'aspect.

Linguistique générale et linguistique descriptive sont les deux faces d'une même recherche : on ne peut en effet étudier le *langage* qu'en considérant comment sont faites les *langues* particulières ; réciproquement, on ne peut étudier les *langues* particulières que si on fait appel aux catégories du *langage* dégagées par la linguistique générale. Le linguiste doit ainsi s'efforcer de ne pas prendre pour des propriétés du langage en général ce qui n'est qu'une propriété des langues qui lui sont familières, en particulier de sa langue maternelle. Une langue dans laquelle nous sommes immergés dès notre naissance est si intimement liée à notre pensée, à nos émotions, qu'il est fort difficile de s'en distancer pour l'analyser. Nous sommes irrésistiblement portés à découper le monde en fonction de ses catégories. On a ainsi reproché aux grammairiens européens qui analysaient des langues « exotiques », c'est-à-dire très différentes des leurs, d'avoir trop longtemps exagéré l'importance de la fonction sujet ou de l'opposition entre nom et verbe, autant de phénomènes qui jouent un rôle de premier plan dans leurs langues maternelles. Ce problème concerne d'ailleurs aussi les grammaires des langues européennes elles-mêmes : comme ce sont les grammairiens grecs et latins de l'Antiquité qui ont fixé les bases de la grammaire en Occident, à partir du XVIᵉ siècle on a systématiquement plaqué sur les langues de l'Europe moderne des catégories qui étaient valides en grec et en latin mais qui n'étaient pas pertinentes pour le français, l'anglais ou l'italien.

Une linguistique autonome et homogène ?

L'autonomie de la linguistique

Dire que la linguistique a pour objet le langage humain n'implique pas qu'elle soit une discipline totalement autonome. L'histoire de cette discipline montre que l'étude du langage est constamment partagée entre une tendance qui *subordonne l'analyse de la langue à d'autres disciplines* (la logique, la psychologie, la biologie, la sociologie, la sémiotique...) et une tendance opposée qui *met l'accent sur son autonomie*, qui considère le fonctionnement du langage comme irréductible à tout autre ordre de réalité.

Au début du XXe siècle, la linguistique moderne s'est constituée en revendiquant son autonomie : pour elle, certes l'anatomiste, le physicien, le sociologue, le psychanalyste, etc., étudient aussi le langage selon leur point de vue, mais seul le linguiste aurait pour objet le *système* sous-jacent aux énoncés d'une langue, la *structure* arbitraire qui lui donne son unité. C'est en particulier la position défendue par Ferdinand de Saussure et les structuralistes, qui appellent ce système la **« langue »** (voir p. 112). À l'opposé, certains vont jusqu'à considérer que l'étude du langage n'a pas véritablement d'unité, que la linguistique n'est qu'une discipline carrefour, dont l'objet est éclaté entre plusieurs disciplines (psychologie, sociologie, anthropologie, biologie, sémiotique...) qui à des titres différents ont affaire au langage.

Ce débat est complexe et autorise de multiples positions de compromis ; en effet, on peut admettre que le linguiste ait un objet spécifique, le système de la *langue*, tout en considérant que cette étude, à un niveau supérieur, s'intègre dans une ou plusieurs autres disciplines. C'est ainsi que N. Chomsky, qui a développé à partir des années 1950 la « grammaire générative et transformationnelle » (voir p. 119), étudie le langage comme un système qui a un fonctionnement spécifique, mais il le subordonne à la psychologie, dès lors que la linguistique a pour objet une faculté de l'esprit, qu'il appelle « compétence linguistique ». Cette tendance a été renforcée par le développement récent des sciences cognitives : comme le langage est la plus remarquable capacité cognitive de l'homme, il semble aujourd'hui naturel à certains de voir dans la linguistique une simple branche de la psychologie cognitive.

Langue et discours

Ce débat sur l'autonomie de la linguistique croise celui sur son *homogénéité*. Condition de toute vie sociale, soumise à un ensemble de *normes*, explicites ou implicites, une langue est une **institution** : elle préexiste aux sujets qui vont la parler et n'appartient en propre à aucun individu. Il s'agit néanmoins d'une institution très singulière, différente de toutes les autres, puisqu'elle permet de faire passer de génération en génération l'ensemble des savoirs et des valeurs d'une société. Produit d'une histoire, une langue conserve en elle, à tous les niveaux, les traces des expériences antérieures de ceux qui l'ont parlée. C'est pourquoi F. de Saussure dans son *Cours de linguistique générale* la comparait à un « trésor » partagé par les membres d'une communauté. Décrire sur plusieurs siècles l'évolution du sens d'un mot, par exemple, c'est parcourir différents mondes qui y ont laissé une empreinte. Quand nous employons aujourd'hui le nom « vaisseau », nous y trouvons à la fois le sens, pratiquement disparu, qu'il avait en latin (« vase »), mais aussi le sens médical (« vaisseaux sanguins ») introduit au XIVe siècle, le sens nautique (celui de navire), apparu également au Moyen Âge, et le sens astronautique (« vaisseau spatial ») de l'ère de la conquête de l'espace.

Ainsi, d'un côté une langue est une réalité éminemment sociale, qui assure la transmission et le renouvellement de la culture, d'un autre côté elle se présente comme un agencement arbitraire d'éléments associés selon des règles qui semblent obéir à des principes abstraits, étrangers aux intérêts immédiats des hommes : quand un sociologue ou un historien tournent leur regard vers la langue, les structures auxquelles ils sont confrontés leur paraissent bien difficiles à interpréter en termes de fonctionnement social. En fait, c'est cette combinaison paradoxale qui est la condition même des pouvoirs du langage, qui permet d'accomplir des tâches sociales extrêmement diversifiées : depuis la coordination d'activités manuelles jusqu'à l'élaboration de doctrines philosophiques.

Mais cela pose un problème de fond : la linguistique doit-elle mettre l'accent sur le caractère « formel » du système linguistique, ou sur le rôle crucial que joue le langage dans la société ? Faut-il référer la linguistique plutôt aux sciences formelles, ou plutôt aux sciences sociales ? On a vu que, dès l'Antiquité grecque, avec la définition d'une approche « objective » du langage, dont on a voulu maîtriser le fonctionnement, il a été l'objet de deux modes d'appréhension, celui de la *logique* et celui de la *rhétorique*. Aujourd'hui ce partage se fait plutôt en termes de **langue**, de système d'unités et de règles arbitraires, et en termes de **discours**, où le langage est envisagé à travers ses usages sociaux. Ce type de débat interne à une discipline se retrouve ailleurs, par exemple en économie où les chercheurs sont partagés entre une tendance « formaliste », qui fabrique des modèles mathématiques, et une tendance plus sociologique, qui insère l'économie dans l'ensemble des activités sociales.

De toute façon, il n'y a pas de coupure absolue entre l'étude de la langue comme système et l'étude du discours. L'exercice du langage est soumis à d'autres contraintes que celles du système de la langue ; il existe en particulier des contraintes attachées à l'organisation des textes, plus généralement aux genres de discours : un roman, un journal, une conversation, une consultation médicale… (voir p. 138). Aujourd'hui, il est largement admis que le système de la langue ne peut pas être étudié indépendamment de l'usage qui en est fait par les sujets parlants dans des situations concrètes. Après une phase *structuraliste* où les linguistes s'attachaient plutôt à étudier la langue comme un système clos, on assiste ainsi depuis les années 1970 au fort développement de courants « *pragmatiques* » (voir chap. 10), qui s'efforcent de montrer qu'on ne peut pas analyser le système sans prendre en compte l'usage qui en est fait. C'est particulièrement évident quand on fait de la *sémantique*, c'est-à-dire qu'on étudie comment, en situation, les sujets attribuent du sens aux énoncés.

La linguistique apparaît alors à la fois comme une science du système, de la *langue*, qu'elle modélise sous forme de « grammaires », et une science du *discours*, qui vise à dégager les règles qui gouvernent l'usage de ce système dans la très grande diversité des situations de communication qu'offre toute société. Toute la question est évidemment de savoir comment articuler ces deux faces du langage humain.

3

Quelques propriétés du langage

La communication verbale

L'interlocution

Le langage est apparu et s'est développé à travers la communication orale, même si, depuis l'invention de l'écriture, la langue se manifeste pour nous sous *deux* formes principales : *écrite* et *orale*. La communication orale s'est largement diversifiée, avec l'apparition de formes d'oralité à distance : téléphone fixe puis mobile, télévision, radio, Internet…, voire de formes d'écriture interactive, comme les « chats » sur Internet.

Pour que la communication orale soit possible, il faut la mise en présence d'un couple d'**interlocuteurs** qui ont l'intention de signifier quelque chose et de s'influencer réciproquement. Le **locuteur** (celui qui parle) y adresse à son **allocutaire** (celui à qui il parle) des signaux de divers types : bien sûr, de nature **verbale** (des séquences de mots construites conformément aux règles de la langue), mais aussi de nature **paraverbale** (intonation, débit, silences…) et de nature **non verbale** (distance, postures, regards…). La relation entre les interlocuteurs n'est pas un processus simple qui va d'un locuteur actif à un allocutaire passif. En effet, le locuteur est en même temps son propre allocutaire – il écoute ce qu'il est en train de dire –, tandis que son allocutaire est un locuteur virtuel, qui est susceptible de prendre la parole à tout moment. En outre, même s'il se tait, l'allocutaire influe constamment par ses réactions sur la parole du locuteur, qui épie son allocutaire et ajuste sa parole en fonction de ce qu'il perçoit : s'il lui semble que l'allocutaire s'ennuie, il va par exemple changer de thème. On notera que dans la communication orale au téléphone, où le locuteur ne perçoit pas les signes non-verbaux émis par l'allocutaire, ce dernier est obligé de montrer qu'il est actif, d'envoyer constamment des signaux « confirmatifs » de sa présence et de son intérêt, par exemple à l'aide de « ah ! », « « tiens ! », « mmm ! », etc. Sinon, le locuteur tend à s'arrêter et à vérifier que l'autre est toujours en contact.

Énoncé et énonciation

La communication verbale est une activité qui produit des **énoncés**, lesquels sont la trace de ces événements que sont les **actes d'énonciation** des locuteurs. Chacun de ces actes s'inscrit dans un **contexte** particulier : un « même » énoncé, par exemple « Paul viendra demain », peut ainsi être produit dans une infinité d'actes d'énonciation distincts qui vont lui donner des significations très diverses. Il se pose alors un problème : les énoncés apparaissent dans des contextes tous différents, mais le linguiste, lui, doit étudier le système de la langue indépendamment de tel ou tel énoncé singulier, tout en prenant en compte le fait que ce système va pouvoir s'inscrire dans des contextes toujours particuliers. Le langage doit ainsi avoir une structure à la fois ferme et souple pour pouvoir s'adapter à des situations extrêmement variées et toujours nouvelles.

L'un des ressorts essentiels de cette relation entre le système et son usage, c'est le fait que les énoncés prennent pour point de repère la propre situation d'énonciation dans laquelle ils sont proférés. Dans notre énoncé « Paul viendra demain », le verbe « viendra » est au futur, c'est-à-dire qu'il réfère non à un moment identifié par un repère objectif (un calendrier) mais à un moment qui est présenté comme *postérieur à celui où le locuteur est précisément en train de le dire* ; si ce locuteur énonce à nouveau cette phrase deux jours plus tard, « viendra » va alors désigner une action située à un tout autre moment. Ainsi, une seule forme (la marque verbale de futur) permet au locuteur d'inscrire le « même » énoncé dans des contextes très variés. Autre exemple : si je dis « Je rentre à la maison » et, dans une autre situation, « Paul a heurté la vitrine », il s'agit bien du même article « la », mais son sens est très souple : ce sens n'est pas autre chose qu'une instruction qui doit permettre à l'allocutaire de trouver, dans chaque contexte particulier, quelles sont *cette* maison et *cette* vitrine dont parle le locuteur. L'instruction sera différente si l'article est « une » ou « cette ».

L'interprétation des énoncés

Une séquence verbale est une suite d'*unités sonores distinctes* (on dit aussi « discrètes ») qui est perçue par l'allocutaire. Ce dernier doit interpréter cette suite, c'est-à-dire lui attribuer une signification. Les usagers de la langue pensent spontanément que cette signification est celle-là même qu'avait en tête le locuteur, à savoir que le sens que va « trouver » l'allocutaire est celui qu'y aurait déposé le locuteur en utilisant la langue comme instrument de communication. En réalité, comme le suggère le paragraphe précédent, un énoncé n'a pas un sens stable qui serait seulement transporté par la séquence verbale : ce sens doit être *construit* par l'allocutaire, qui met les différents constituants de l'énoncé en relation avec le contexte d'énonciation.

Plus précisément, le sens ainsi construit par l'allocutaire résulte à la fois :

– des relations qui s'établissent entre les unités dont est fait l'énoncé ; par exemple, le verbe « courir » ne contribue pas au sens de l'énoncé de la même manière selon que l'on dit « Paul court un danger » et « Paul court un cent mètres ».

– des relations entre cet énoncé et le contexte dans lequel il apparaît : l'énoncé « C'est calme en ce moment » ne signifie pas du tout la même chose selon qu'il est dit par un officier qui fait un rapport sur l'état du front et un commerçant qui parle à un collègue de la fréquentation de son magasin.

Bien souvent les erreurs d'interprétation que peut faire l'auditeur sont corrigées dans la suite de l'échange, s'il y en a une, mais de toute façon dans la langue *l'ambiguïté est constitutive*, on peut toujours attacher plusieurs interprétations à un même énoncé. Il peut s'agir d'ambiguïtés proprement **linguistiques** (« Ces enfants se voient » peut signifier « les enfants voient eux-mêmes » ou « les enfants se voient les uns les autres ») ou d'ambiguïtés **contextuelles** : par exemple, dans certaines circonstances, on peut se demander si « Elle aime les robes noires » doit s'interpréter comme un reproche, comme un compliment, comme ironique ou non, etc. Il y a dans tout échange une marge d'approximation, de flou, qui implique des ajustements plus ou moins réussis pour vaincre l'incompréhension.

On peut même aller plus loin et douter, pour un grand nombre d'énoncés, que l'on puisse donner une interprétation à la fois stable et partagée par tous. Si quelqu'un dit « Nous voulons la démocratie » ou « Marie est quelqu'un de très authentique », il est facile de voir que des mots tels que « démocratie » ou « authentique » ne peuvent pas signifier la même chose pour tous, ni même que les locuteurs puissent dire ce qu'ils entendent exactement par là.

Les niveaux du langage

La double articulation

Les unités qui se combinent dans une séquence verbale ne sont pas toutes situées au même niveau. Le langage humain repose sur ce que le linguiste français André Martinet (1908-1999) a appelé une **double articulation**, c'est-à-dire qu'il est constitué de deux types d'unités, découpées sur deux **niveaux** distincts.

– Les unités de **première articulation** (noms, verbes, prépositions, etc.) sont des **signes**, elles possèdent un *signifiant* (la séquence sonore dont elles sont constituées) et un *signifié* (une signification). Elles sont rangées dans des **catégories**, des classes, qui se combinent pour former des groupes de mots, qui eux-mêmes constituent des énoncés. Par exemple, le groupe adjectival « très beau » contient deux unités de première articulation, l'une appartenant à la catégorie des adverbes, l'autre à la catégorie des adjectifs. Ces unités de première articulation sont en fait de divers types : des mots comme « bleu », « maison », « dort »…, des unités grammaticales comme « le », « avec », « que »…, et même des unités qui ne sont que des parties de mots, comme les préfixes (« anté- », « pro- »…), les suffixes (« -erie », « -age »…), les terminaisons de verbes (« dorm-ait », « dorm-i »…).

– Les unités de **seconde articulation** (dites **phonèmes**) ne sont que du signifiant. Les éléments *t*, *m* ou *u*, par exemple, n'ont aucun sens par eux-mêmes. Ils ont fondamentalement une valeur distinctive : le phonème *s* permet de distinguer par exemple « son » de « ton » ou « sur » de « mur ». À l'intérieur d'une même langue, les phonèmes doivent donc être suffisamment distincts les uns des autres, de façon à réduire les risques de confusion entre les mots. Chaque langue n'exploite qu'un nombre limité de phonèmes. Ainsi le français utilise-t-il une série de voyelles labiales (qui se prononcent en projetant les lèvres en avant), celles qui sont présentes par exemple dans « d*u*r », « n*œu*d » ou « s*eu*l » ; mais ces labiales n'existent pas en espagnol ou en italien, qui sont pourtant aussi des langues issues du latin.

La double articulation constitue un *facteur d'économie* considérable puisqu'il suffit de combiner un nombre très *limité* d'unités de seconde articulation (quelques dizaines) pour construire un nombre *illimité* d'unités de première articulation, qui possèdent un signifiant et un signifié.

Du morphème au texte

Comme nous venons de le voir, les plus petites unités de première articulation ne sont pas nécessairement des mots, au sens habituel. Ainsi, bien que « nageur » forme un seul mot, il est constitué de deux **morphèmes** : « nag- » et le suffixe « -eur ». On distingue les **morphèmes lexicaux** et les **morphèmes grammaticaux** ; les premiers (par exemple les noms) appartiennent à des ensembles nombreux et sont en renouvellement constant ; les seconds (par exemple les articles, les préfixes ou les marques de conjugaison des verbes) sont en nombre très limité et se renouvellent très lentement. Si l'on compare des dictionnaires de langue d'époques distinctes, on voit qu'en cent ans beaucoup de noms disparaissent ou changent de sens, alors que la liste des prépositions ou des marques de conjugaison des verbes et leur valeur évoluent peu ou insensiblement.

Les mots, les unités de première articulation, s'agencent eux-mêmes dans des unités de rang supérieur, des **phrases** de structures diverses, complètes et douées de sens : « Tant pis pour elle ! », « Le petit chat est mort », « Bien qu'il ait tort, il insiste », « Dehors ! », « Quel homme ! », « À quoi bon ? », etc. Parmi elles un rôle privilégié est accordé à la **phrase verbale**, celle qui exige dans une langue comme le français la combinaison d'un « groupe verbal » (le verbe et ses compléments) et d'un groupe sujet. Cette combinaison permet que s'établisse une relation **prédicative**, ou **prédication**, c'est-à-dire que l'énoncé dise quelque chose *de* quelque chose (par exemple de Paul qu'il est venu seul dans « Paul est venu seul »). Mais il n'est pas indispensable qu'il y ait un verbe pour que la phrase exprime une relation prédicative : dans « Dehors l'arbitre ! » ou « Incroyable, cette histoire ! » la prédication s'établit entre « l'arbitre » et « dehors », « cette histoire » et « incroyable ». En outre, la notion même de « phrase verbale » doit être relativisée car elle n'a pleinement de sens que pour les langues qui accordent une prééminence au verbe : en français, en anglais, en grec…, plus largement dans les langues indo-européennes (voir p. 15), le verbe porte à la fois des marques de mode, de temps, de personne, de nombre, il constitue le centre de la phrase.

Les énoncés entrent eux-mêmes dans des unités de niveau supérieur, les **textes**, dont l'étude ne peut se faire sans prendre en compte des considérations à la fois d'ordre strictement linguistique et d'ordre communicationnel, en particulier le **genre de discours** : un fait divers, un débat, une lettre de motivation, une conversation… sont des genres de discours (voir p. 138).

Le langage et le réel

L'arbitraire linguistique

À la différence d'autres types de signes, les signes linguistiques supposent une relation *arbitraire* entre leur signifiant et leur sens : il n'existe pas de relation naturelle entre la suite de phonèmes constituant « loup » et le sens de ce mot. On trouve néanmoins quelques phénomènes marginaux de relation non arbitraire entre signifiant et sens, tels que les onomatopées (« miaou » imite le cri du chat, « glouglou » le bruit d'un liquide, etc.). L'idée que la langue constitue un système arbitraire va toutefois au-delà : elle implique qu'il n'y a pas de correspondance terme à terme entre les éléments de la langue et les unités de la réalité placée en dehors d'elle, que chaque langue organise à sa façon son découpage de la réalité. Ainsi, en tapirapé (langue amazonienne de la famille tupi) quand on choisit un démonstratif pour désigner un objet, on prend en compte trois paramètres : le caractère long ou court de l'objet (les humains sont traités comme longs), sa position (couché, debout, assis, en mouvement…), et la distance du locuteur par rapport à lui. La notion de « démonstratif » ne renvoie donc pas à la même chose qu'en français et ce n'est pas le monde naturel qui impose directement à la langue sa manière de découper la réalité.

En effet, un signe linguistique n'est pas une unité isolée, il entre dans un ensemble de microsystèmes, de règles (de morphologie, de syntaxe) qui s'associent pour former une langue particulière, dont l'agencement obéit à des principes relativement autonomes par rapport à la réalité que cette langue représente. Il existe par exemple dans le langage des fonctions comme celles de « sujet » ou de « complément d'objet », des catégories comme les « préfixes » ou les « verbes pronominaux », etc. : autant de fonctions ou d'unités qui n'ont pas de correspondant dans le monde non linguistique. Cet arbitraire qui fonde l'autonomie de la langue est précisément ce qui lui permet d'avoir entre autres pour fonction de représenter la réalité hors du langage.

Divers degrés d'arbitraire

Cela ne veut pas dire, néanmoins, que tous les éléments de la langue soient *au même degré* éloignés des découpages de la réalité non linguistique. Par exemple, l'opposition entre singulier et pluriel a un correspondant immédiat dans la réalité perceptive (perception d'un objet unique ou non unique). De même, une catégorie grammaticale comme le futur (opposé au présent et au passé) se présente comme le décalque de la catégorie de l'avenir, catégorie qui n'est pas proprement linguistique ; mais le fait qu'en français la marque du futur soit fixée au verbe (« dormira ») et que cette fixation se fasse sous la forme d'une désinence placée à droite du radical verbal, voilà qui relève à l'évidence de l'arbitraire de la langue. En outre, le futur de la langue ne se contente pas de refléter le futur au sens usuel, l'avenir ; bien des énoncés dont le verbe est au futur n'expriment pas l'avenir : « Pour moi, il aura raté son train » signifie en général une probabilité ; « Tu ne tueras point » donne un ordre, etc. Enfin, dans une langue comme le français il existe en fait deux formes du futur – « dormira » et « va dormir » – dont la différence ne s'explique pas par des considérations liées à l'avenir.

4

Écrit et oral

Une relation complexe

On l'a vu, la langue est une réalité foncièrement orale, mais depuis longtemps dans beaucoup de sociétés elle se présente en réalité sous *deux* formes : **orale** et **écrite**. La possibilité même de réfléchir sur la langue, de « faire de la grammaire », puis de développer des études linguistiques dépend strictement de l'existence d'une écriture : seule cette dernière permet d'objectiver le langage, de disposer des énoncés dans l'espace pour mettre en évidence les unités et les structures de la langue.

L'influence de l'écrit sur la langue

Les réalisations écrites ont une influence décisive sur le système. Une langue qui est écrite évolue beaucoup moins vite qu'une langue sans écriture. On constate également que certaines constructions et certaines formes sont créées pour répondre aux besoins des textes écrits, qu'il s'agisse de textes narratifs ou argumentatifs : un récit oral ne mobilise pas les mêmes ressources linguistiques qu'un récit écrit. Il est clair que si l'on veut argumenter à l'écrit on recourt à des phrases avec beaucoup de subordinations et d'éléments qui articulent logiquement les phrases entre elles (« cependant », « en effet »,

« puisque », « si bien que »…). Enfin, l'écriture permet d'inscrire de la mémoire dans la langue, puisque les locuteurs ont accès à des états de la langue plus anciens. L'orthographe conserve d'ailleurs souvent la trace de phénomènes qui ont disparu : en souvenir du latin *tempus*, on écrit en français « temps » avec un *p* et un *s* qui ne se prononcent pas. Il s'agit par là de maintenir la continuité avec les époques antérieures ; ainsi le grec moderne s'écrit d'une manière proche du grec ancien, bien que sa prononciation soit très différente.

La linguistique moderne et l'écrit

Pendant longtemps les grammairiens n'ont pris en compte que la langue écrite, et même la langue soignée, le plus souvent celle des textes littéraires. C'était le cas en particulier des fondateurs de la grammaire occidentale, les grammairiens d'Alexandrie (voir p. 11) pour qui la grammaire servait avant tout à donner accès aux grandes œuvres du patrimoine littéraire. Quand s'est développée la linguistique moderne, à la fin du XIXe siècle, les linguistes ont réagi contre cette tendance en affirmant fortement le caractère *foncièrement oral* de la langue, considérant que les données écrites étaient artificielles. Le linguiste Michel Bréal, par exemple, écrivait alors : « Pour la linguistique moderne, toutes les formes, du moment qu'elles sont employées, ont droit à l'existence… La véritable vie du langage se concentre dans les dialectes : la langue littéraire, arrêtée artificiellement dans son développement, n'a pas à beaucoup près la même valeur. » (*Essai de sémantique*, 1897, p. 276).

Aujourd'hui, les linguistes s'accordent à reconnaître que la manifestation écrite et la manifestation orale de la langue obéissent à des contraintes différentes et qu'il faut les considérer *chacune dans son ordre propre*. Et cela concerne même la syntaxe. Quand on étudie par exemple des enregistrements de conversations spontanées, on est frappé par l'inadéquation des catégories grammaticales habituelles, qui ont été élaborées en prenant pour référence l'usage écrit. En particulier, la délimitation de phrases y est souvent impossible : la distinction classique entre phrases « simples » et phrases « complexes » (contenant des propositions subordonnées) se brouille. En recourant à l'intonation et à divers procédés (répétitions, éléments de liaison en particulier), un locuteur peut constituer des unités qui n'ont pas la structure de la phrase classique : leur organisation repose moins sur un système de dépendances organisées à partir du verbe que sur le sens et l'intonation, associés à toute une gestuelle. On considère ainsi qu'il existe une syntaxe spécifique du « français parlé », où l'on trouve en abondance des constructions telles que « Elle, l'argent, elle a des problèmes » ou « Paul, il est venu Paul », qui sont impensables à l'écrit.

Les systèmes d'écriture

Au cours de l'histoire, divers **systèmes d'écriture** ont été inventés : alphabétique, hiéroglyphique, etc. Ces ensembles ne doivent pas être confondus avec les multiples systèmes utilisés pour écrire telle ou telle langue. Le russe et le français par exemple sont transcrits à l'aide du même *système d'écriture*, en l'occurrence l'écriture alphabétique, mais ils n'emploient pas les mêmes types de *signes alphabétiques* : le russe utilise un alphabet, dit cyrillique, dérivé de celui du grec, tandis que le français recourt à l'alphabet latin.

Globalement, on oppose les systèmes qui visent à représenter le *signifié*, le sens des signes linguistiques (par exemple les écritures hiéroglyphiques), et les systèmes qui visent à représenter le *signifiant*, la matière sonore (en particulier les écritures alphabétiques). Mais tous ces systèmes d'écriture dérivent de **pictogrammes**, c'est-à-dire de signes qui participent à la fois de l'image et de l'écriture. Ce sont des dessins plus ou moins stylisés, combinés selon des règles très variables, qui représentent un concept par des scènes figurées ou par des symboles complexes. Ils ne supposent aucune analyse des formes de la langue. En se combinant, ils peuvent en particulier permettre de raconter une histoire et servir d'aide-mémoire quand on veut réciter quelque chose.

Les systèmes qui visent à représenter le signifié

– **L'écriture cunéiforme** est une écriture idéographique, c'est-à-dire qui vise à représenter le signifié. C'est la plus ancienne écriture connue. Elle est apparue en Mésopotamie vers 3 500 av. J.-C. Ses signes dérivent de pictogrammes sumériens. De formes géométriques, ils étaient tracés sur un support dur (en particulier des tablettes d'argile) à l'aide d'une pointe en forme de coin. En fait, il ne s'agissait pas d'une écriture uniquement idéographique ; il existait en effet des signes qui transcrivaient des syllabes et d'autres, dits « déterminatifs », qui ne se prononçaient pas et qui, placés avant ou après un autre signe, précisaient sa classe.

– **Les idéogrammes chinois** sont le produit d'une longue évolution, qui va de purs pictogrammes, vers 3 000 av. J.-C., aux idéogrammes (vers 1 600 av. J.-C.) en passant par une période intermédiaire. Les idéogrammes chinois sont des caractères formés de un ou plusieurs traits (il y en a six fondamentaux), combinés de diverses manières. Ce système perfectionné au fil des siècles est d'une grande complexité. Certains signes expriment directement une réalité concrète (« arbre », « porte »…), d'autres des idées abstraites (« voir » par exemple est constitué d'un grand œil sur deux jambes) ; la plupart des signes associent des caractères pour former des caractères plus complexes : par exemple, le signe « toit » sur le signe « voir » signifie « dormir », le signe « exercice » placé à droite de « voir » signifie « apprendre », le signe de la négation à gauche de « voir » signifie « disparu »… Mais les idéogrammes comportent également une dimension phonétique : on peut en effet utiliser un signe non pour son sens mais pour sa prononciation. Près de 90 % des caractères existants sont composés de deux parties : l'une indique le sens, l'autre la prononciation. Ainsi, « lui » et « elle » se prononcent de la même façon (*ta*), mais se distinguent dans l'écriture par le fait qu'on ajoute à l'un le signe « homme », à l'autre le signe « femme ».

– **L'écriture hiéroglyphique** des anciens Égyptiens est, comme celle des Chinois, idéographique dans son principe. Elle est apparue vers 3 000 ans av. J.-C. mais a disparu à la fin du IVe siècle de notre ère. C'est seulement au début du XIXe siècle qu'elle a pu être déchiffrée par J.-F. Champollion (*Lettre à M. Dacier relative à l'alphabet des hiéroglyphes phonétiques*, 1822). Contrairement à ce que l'on pense souvent, comme dans le cunéiforme la dimension phonétique y est très présente. C'est pourquoi les égyptologues distinguent les idéogrammes proprement dits et les *phonogrammes*, qui transcrivent une consonne isolée ou une série de deux à trois consonnes. Un même caractère, selon le contexte, pourra être décodé comme « phonogramme » (lecture phonétique), comme « idéogramme » ou comme « déterminatif », qui précise à quel champ lexical appartient le mot (profession, ethnie, etc.).

*Les systèmes fondés sur l'analyse
du signifiant*

Il s'agit de systèmes d'écriture analysant le signifiant pour en tirer un ensemble limité de lettres qui se lisent successivement. Le problème est que ces graphèmes ne transcrivent pas nécessairement *tous* les sons distinctifs dans une langue. Les premiers systèmes connus sont en effet **consonantiques**, c'est-à-dire qu'on transcrivait seulement les consonnes. Il existe par ailleurs des systèmes **syllabiques**, où un signe correspond à une syllabe, et des systèmes **alphabétiques** – largement dominants aujourd'hui dans le monde – où on transcrit aussi bien les consonnes que les voyelles.

– **Les systèmes syllabiques** sont particulièrement adaptés aux langues utilisant essentiellement des syllabes de type [consonne + voyelle] et où il y a un nombre limité de combinaisons. On appelle **syllabaire** la liste des signes d'une telle écriture. Comme exemple de système syllabique antique, on peut citer une forme archaïque du grec, le mycénien (le fameux « linéaire B », vers le XIVe siècle av. J.-C.) déchiffré en 1952. Aujourd'hui deux des écritures japonaises, « *katakana* » et « *hiragana* », sont de nature syllabique. Dans le *hiragana* un signe représente une syllabe, qui peut être une voyelle seule ou une consonne suivie d'une voyelle. À ses quarante-six caractères de base s'ajoutent des signes qui servent à modifier la prononciation du caractère qu'ils accompagnent.

– **Les systèmes consonantiques.** La première écriture consonantique connue date du XVe siècle av. J-C. Elle permettait de transcrire diverses langues sémitiques. Cela se comprend : il s'agit en effet de langues où l'identité du mot repose sur une racine consonantique, les voyelles servant surtout pour distinguer les termes dérivés appartenant à cette même racine. L'alphabet phénicien (XIe siècle av. J.-C.) a eu une grande importance, car il en a influencé d'autres. Aujourd'hui l'alphabet consonantique le plus important est l'alphabet arabe, qui comprend vingt-huit lettres et s'écrit de droite à gauche. La plupart des lettres sont liées les unes aux autres, même quand elles sont imprimées, et elles s'écrivent différemment selon qu'elles sont suivies ou précédées de certaines autres lettres, ou qu'elles sont isolées. L'une des caractéristiques majeures de ces alphabets consonantiques est que le lecteur doit connaître la structure de la langue pour retrouver les voyelles. Mais sa tâche est facilitée par le fait que la répartition des voyelles dans les mots est assez régulière. Il est possible, si l'on connaît les règles de grammaire correspondantes, de deviner quelle est la place et le timbre des voyelles.

– Les systèmes alphabétiques. Le plus important est **l'alphabet grec**, qui a été créé vers le IXe siècle av. J.-C. à partir de l'alphabet phénicien, auquel ont été ajoutées des voyelles. Il est à l'origine de plusieurs autres alphabets, en particulier l'étrusque, base de l'alphabet latin, et le cyrillique, utilisé dans quelques pays slaves, en particulier en Russie. L'écriture grecque va de gauche à droite ; elle compte actuellement vingt-quatre lettres, chacune ayant deux variantes, capitale et minuscule : l'alpha par exemple s'écrit A en capitale et α en minuscule. En fait, dans l'Antiquité on n'utilisait que les capitales. L'alphabet grec a connu de nombreuses variantes. Celle qui s'est imposée, le modèle ionien, a été choisie par Athènes au IVe siècle avant J.-C. L'alphabet **latin** est de nos jours le plus répandu, car c'est celui des pays de l'Europe occidentale, qui l'ont diffusé dans le monde entier. On notera que c'est l'alphabet utilisé pour noter les adresses de sites Internet. Dans les alphabets « latins » actuels, en réalité seules les majuscules proviennent de l'Antiquité latine ; l'usage des minuscules a été systématisé sous le règne de Charlemagne, qui était soucieux d'unifier les différentes formes d'écriture de son empire, où coexistaient langues germaniques et romanes. C'est cette « minuscule caroline » qui est à la base des divers alphabets modernes occidentaux.

Réalité phonétique et transcription graphique

Écriture et API

Même dans les langues qui disposent d'une écriture alphabétique, il existe une grande différence entre la représentation **graphique** des énoncés et leur réalité **phonétique**, telle que peut la mettre en évidence l'analyse de leur structure sonore. C'est surtout pour la seconde articulation que la divergence entre l'oral et le graphique est la plus nette. En anglais par exemple *ou* se prononce très différemment dans *enough* (« assez ») et dans *trout* (« truite »), tandis qu'en français il ne faut pas moins de *sept* lettres pour transcrire les *trois* phonèmes de « fouille » (f-ou-ille). Cette divergence entre l'oral et sa transcription orthographique a conduit les linguistes à fabriquer un « Alphabet Phonétique International » (ou API) dans lequel à *chaque* phonème correspond *un seul* signe graphique : ainsi « fouille » sera-t-il noté */fuj/*, où les trois signes correspondent aux trois sons. Contrairement aux nombreux autres types de transcription qui se limitent à telle ou telle famille de langues, l'API se veut indépendant des multiples systèmes d'écriture utilisés dans le monde. Il a été développé par des phonéticiens anglais et français à la fin du XIXe siècle, au moment où les progrès de la phonétique ont permis d'analyser les sons avec précision. Dans cet alphabet l'anglais *life* sera transcrit [laif], les mots français « foi », « foie », « fois », qui se prononcent de la même manière, seront transcrits tous trois [fwa].

La complexité de l'orthographe

Si dans un système alphabétique la correspondance n'est pas exacte entre les sons et les lettres, c'est que les unités les plus petites du signifiant, les **phonèmes**, ne correspondent pas nécessairement aux unités les plus petites du système graphique, appelées **graphèmes**. En français par exemple « eau », « au », « ot »… sont autant de *graphèmes* distincts correspondant à un seul *phonème*, /o/. De même, on transcrit par deux lettres, *ch*, ce qui correspond en fait à un seul phonème. Inversement, un même graphème peut correspondre à plusieurs phonèmes distincts : ainsi *ch* est-il prononcé différemment dans « chou » et dans « chaos ». C'est dire qu'il existe une relative autonomie du système graphique, qui peut même avoir une influence sur la langue quand les locuteurs calquent leur prononciation sur la graphie. Ainsi de nombreux francophones prononcent-ils le *l* différemment dans « illicite » et dans « îlot » parce que, pour des raisons étymologiques, il y a deux *l* dans le premier mot. De même, beaucoup prononcent des consonnes finales qui ne se prononçaient plus : par exemple le *f* de « cerf ».

Pour l'orthographe du français, la linguiste Nina Catach a proposé de distinguer plusieurs types de graphèmes :

– les **phonogrammes**, qui servent à transcrire les sons : *p*, *ch*, *t*… ;

– les **morphogrammes**, qui servent à faire des distinctions grammaticales, mais qui ne correspondent pas à une distinction entre des sons : par exemple entre les

terminaisons de verbe -*rais* (conditionnel) et -*rai* (futur), ou -*é* (participe passé) et -*er* (infinitif) ;
– les **logogrammes** qui sont indécomposables, dont la graphie s'explique essentiellement par l'étymologie : « seau », « sot », « saut » ou « tant » et « temps ». Dans ce cas, les graphèmes permettent de distinguer des mots « homophones », c'est-à-dire qui se prononcent de la même manière. C'est une caractéristique du français que de contenir un grand nombre de mots homophones.

Une zone idéologiquement sensible

Le système d'écriture et l'orthographe, au-delà des problèmes techniques de correspondance entre phonèmes et graphèmes, constituent souvent une zone idéologiquement très sensible. En France les débats récurrents sur la nécessité d'une réforme de l'orthographe sont d'une rare intensité. Dans la mesure où une langue, dès qu'elle est écrite et transmise de génération en génération, tend à se fétichiser, toute modification de l'écriture ou de l'orthographe a des implications politiques au sens large. Associée à des textes prestigieux légués par la tradition, l'écriture joue un rôle éminent dans la conscience qu'ont les locuteurs de leur langue, conçue non simplement comme du langage, mais comme un monument, quelque chose qui contribue à construire l'identité d'une communauté.

Le choix même d'un type d'écriture ou d'alphabet est en général lié à des considérations politiques, ou à de simples rapports de domination. C'est ainsi que le persan, langue pourtant apparentée aux langues européennes, s'écrit avec l'alphabet arabe, alphabet de l'envahisseur. Le roumain, écrit initialement en alphabet cyrillique, est passé en 1860 à l'alphabet latin, pour s'affranchir de l'influence slave et se tourner vers l'Occident. En 1928, la Turquie d'Atatürk a décidé d'abandonner l'alphabet arabe au profit de l'alphabet latin, associé dans son esprit à la modernité occidentale. En revanche, dans le cas du vietnamien le recours à l'alphabet latin résulte du travail des missionnaires chrétiens à partir du XVIIe siècle, prolongé par la colonisation française.

Les conséquences du passage à l'écrit

La mise à distance

À l'oral, l'allocutaire partage le même environnement que le locuteur, il réagit immédiatement à son intonation, ses attitudes, etc. Il n'a pas la possibilité de parcourir l'architecture de l'énoncé dans son ensemble : il le découvre au fur et à mesure et a une conscience très floue de sa structure. À l'écrit, en revanche, un énoncé peut circuler loin de sa source, rencontrer des publics imprévisibles sans être pour autant modifié à chaque fois. Comme le scripteur (celui qui écrit) ne peut contrôler la réception de son énoncé, il est obligé de le structurer pour le rendre compréhensible, d'en faire un *texte* au sens le plus plein. De son côté, le lecteur peut imposer son mode de consommation, son rythme d'appropriation : lire à la vitesse qui lui convient, silencieusement ou à haute voix, attentivement ou en survolant, s'interrompre quand il veut.

La distance qui s'établit ouvre aussi un espace pour un commentaire critique ou des analyses : on peut observer un texte, rapprocher telle partie de telle autre, de façon à élaborer des interprétations. Un écrit peut en outre être recopié, archivé, classé ; le stockage permet de confronter des textes variés et d'établir des principes de classement (par thèmes, par genres, par auteurs, par dates...).

De manière plus large, un énoncé écrit constitue une réalité qui n'est plus purement verbale. À un niveau supérieur, tout texte constitue lui-même une image, une surface offerte au regard. On sait tout le soin apporté aux techniques de *mise en page* : on peut étaler en largeur, disposer le texte en colonne ou en rond, l'isoler par un trait noir ou pointillé, etc.

L'imprimé

L'**imprimerie**, en disposant des signes invariants sur l'espace blanc d'une page identique aux autres, a encore davantage abstrait le texte de la communication directe, d'homme à homme. En offrant la possibilité d'imprimer un nombre considérable de textes parfaitement identiques et uniformes, elle a donné une autonomie encore plus grande aux lecteurs. Il n'existe plus comme dans le manuscrit la trace de la main, l'écriture du copiste qui individualise le texte (ses fautes, ses moments d'inattention, de fatigue, l'affleurement de ses origines géographiques...). Au lieu d'une variation continuelle, on a affaire à un objet stable et fermé sur soi.

La **ponctuation** actuellement en usage ne s'est établie qu'au XVIe siècle. Quand le lecteur ne partage pas ou peu l'univers de l'auteur, que les multiples exemplaires d'un texte ne circulent pas à l'intérieur d'un cercle restreint de familiers, il doit contenir tout ce qui est nécessaire à son déchiffrement par le plus grand nombre. Pour l'imprimé, on a dû élaborer une ponctuation univoque et fine.

Une opposition sur deux plans

Nous nous sommes appuyés jusqu'ici sur la représentation la plus immédiate de la distinction entre oral et écrit, celle entre la manifestation sonore et la manifestation graphique d'un énoncé. En réalité, cette distinction joue sur deux plans : certes, c'est une différence de *médium*, mais c'est aussi une différence entre deux *manières d'énoncer*.

Oral et graphique

Le premier plan d'opposition, le plus évident, concerne les supports physiques. L'oral passe par des ondes sonores et l'écrit – qu'il vaudrait mieux appeler ici le **code graphique** – par des signes inscrits sur un support solide : autrefois des tablettes, du papyrus, du parchemin, du papier. Aujourd'hui, avec les techniques modernes de traitement numérique des informations, on assiste à une « dématérialisation » de l'écrit, mais il s'agit quand même de marques inscrites sur un support et conservées.

On associe traditionnellement oralité et *instabilité*, écriture et *stabilité* : les paroles s'envolent, les écrits demeurent. Il faut néanmoins nuancer cette idée : tout énoncé oral n'est pas nécessairement instable ; tout dépend de ce à quoi il sert. L'important n'est pas tant le caractère oral ou graphique des énoncés que l'existence de pratiques qui assure leur préservation. Il y a en effet divers types d'énoncés oraux (maximes, dictons, aphorismes, devises, chansons, formules religieuses, etc.) qui, bien qu'oraux, sont figés car destinés à être répétés indéfiniment. Il existe même des textes littéraires ou religieux relativement longs, qui sont d'une grande stabilité, grâce à des techniques sophistiquées de mémorisation. La versification joue un rôle essentiel dans ce travail de stabilisation.

Le monde contemporain, en offrant la possibilité d'enregistrer la voix (disques, magnétophones...), ou la voix avec les mimiques et les gestes du locuteur (cinéma, vidéo...), a fait de l'oral quelque chose d'aussi stable que l'écrit : de nos jours, quand on enregistre, d'une certaine façon on *écrit*. Après les sociétés où dominait l'écrit mais où l'oral jouait encore un rôle important (l'Europe entre le XVIe et le XVIIIe siècle en particulier), nous sommes dans une société où l'oral lui-même est saisi par une forme d'écriture, mais d'un type totalement différent.

Énoncés dépendants et indépendants
de leur environnement

Sur un second plan, l'opposition entre oral et écrit permet de distinguer deux régimes d'énonciation : celui des énoncés qui *dépendent étroitement de leur environnement* et celui des énoncés qui en sont *relativement indépendants*. Dans le premier cas, les énoncés sont des échanges immédiats, où les participants partagent la même situation ; dans le second cas, les énoncés sont **différés**, c'est-à-dire conçus en fonction d'un destinataire qui se trouve dans un autre environnement.

– Les énoncés dépendants de leur environnement.
La parole du locuteur y est sous la menace constante de l'allocutaire, qui à tout moment peut intervenir dans l'énonciation en cours, ne serait-ce que pour confirmer le locuteur dans son statut, en marquant son approbation (par son attitude, par des « ah ! », des « tiens ! », etc.). Le fait que les interlocuteurs se trouvent dans le même espace physique et qu'ils se voient l'un l'autre

permet d'accompagner la parole de mimiques et de gestes. Le locuteur peut ainsi recourir à des ellipses, quand un objet est présent dans l'environnement (« T'as vu... ? »).

Comme le locuteur ne peut pas effacer ce qu'il dit, qu'il est emporté par une parole en train de se faire, il commente constamment sa propre activité verbale, pour se corriger, pour anticiper sur les réactions de l'allocutaire : « Tu vas me dire... », « enfin, si l'on peut dire », « ou plutôt... », « à tous les sens du terme », « passez-moi l'expression », « vous allez me dire », etc. Il est également amené à produire des formules dites **phatiques**, qui contribuent à maintenir le contact (« tu vois un peu », « écoute », etc.), ou encore des constructions dans lesquelles il détache le ou les thème(s) de sa phrase, ce dont il veut parler : en disant par exemple « Mon frère, sa voiture, on lui a volé », il indique au début de la phrase ce à quoi l'allocutaire doit s'intéresser. De manière plus générale, le locuteur ne déploie pas une syntaxe fondée sur la subordination (ou *hypotaxe*), mais recourt plus volontiers à la juxtaposition de phrases (*parataxe*), sans toujours expliciter leurs liens par des conjonctions de coordination ou de subordination de sens précis. Les liaisons sont assurées par des éléments comme « et », « faut dire que », « alors », « eh bien », « comme quoi »... dont le contenu n'est pas précis et qui sont inséparables de l'intonation, des pauses, etc.

– **Les énoncés indépendants de l'environnement.** Les énoncés de ce type ne s'appuient pas sur un environnement partagé avec un interlocuteur susceptible d'intervenir dans l'énonciation. Ils tendent au contraire à être autosuffisants, à construire un système de relations internes au texte. Considérons ce court article de journal :

> ### *Une médaille de bronze pour le Louvre*
>
> Une plaque de bronze exécutée, en 1686, par le sculpteur Jean Regnaud sur un dessin du peintre Pierre Mignard a été offerte au Louvre par la société Elior au titre de la loi sur le mécénat d'entreprise. Ce médaillon de 76 centimètres de diamètre représente la Victoire du saint Gothard. Il ornait, avec onze autres plaques semblables, la place des Victoires à Paris, où se dressait la statue de Louis XIV détruite à la Révolution. Le Louvre en possédait déjà huit.
>
> (*Le Monde*, 5 décembre 2007, p. 24.)

À la différence de ce qui se passe dans une conversation, ce texte semble ignorer son lecteur, qui n'est pas supposé se trouver dans le même environnement physique que le journaliste et pour qui les informations données par le texte ne sont pas censées attendues. Certes, ce type d'énoncé exige de son lecteur un certain savoir « encyclopédique », en particulier en matière d'histoire ou de politique, mais c'est là autre chose qu'un environnement spatio-temporel immédiat. On ne trouve pas ici d'échange entre un « je » et un « tu », pas de formules phatiques ou d'ellipses, etc. Le texte s'appuie sur un ensemble de notions qui sont censées déjà stockées dans la mémoire (« le sculpteur Jean Regnaud », « le peintre Pierre Mignard », « le Louvre »...) et développe un réseau de relations internes au texte, entre ses constituants (« ce médaillon », « il », « où »...).

Style écrit, style parlé

Le locuteur peut jouer de cette distinction entre énoncés dépendants et indépendants de l'environnement. Il arrive en effet souvent qu'un énoncé présente certaines caractéristiques d'un énoncé *dépendant de l'environnement* alors qu'il passe par un support *graphique* et suppose une réception différée ; on peut alors parler d'énoncé écrit mais de **style parlé**. On peut ici songer aux romans de San Antonio ou au célèbre guide de voyage *Le Guide du routard*, publié par les éditions Hachette. Ce phénomène est de plus en plus fréquent dans la littérature et la presse écrite (voir notamment en France le journal *Libération*). Le linguiste anglais N. Fairclough a ainsi pu parler d'une « conversationnalisation » des textes produits par les médias contemporains.

À l'inverse, il peut y avoir des énoncés oraux qui sont de **style écrit**. C'est le cas par exemple lors d'une communication dans un congrès scientifique : le public n'est pas traité comme un allocutaire ordinaire, qui pourrait à tout moment interrompre le locuteur, mais comme un auditoire universel, celui de savants qui écoutent une argumentation qui est censée se suffire à elle-même.

Des dispositifs communicationnels nouveaux

Les oppositions traditionnelles entre l'oral et l'écrit, ou entre l'écrit manuscrit et l'écrit imprimé, se sont aujourd'hui transformées. Les techniques de plus en plus sophistiquées d'enregistrement et de transfert de l'information ont modifié les dispositifs de communication, et donc le statut des énoncés verbaux. Le monde contemporain se caractérise par l'apparition de *nouvelles formes d'oralité* qui sont sans commune mesure avec l'oralité traditionnelle. Même les énoncés apparemment traditionnels sont le plus souvent fabriqués à l'aide de technologies complexes (réseaux informatiques, fax, téléphone par satellite...), et le texte imprimé n'est plus lui-même que la projection d'une image élaborée sur un écran d'ordinateur. On assiste ainsi en raison de la numérisation généralisée des informations, à une *dématérialisation* des supports physiques des énoncés.

Désormais, quand on travaille sur des matériaux verbaux, on doit tenir compte de paramètres très variés. Par exemple :

– L'existence ou non d'un *contact physique immédiat* entre énonciateur et co-énonciateur oppose la conversation en face à face à la conversation au téléphone ou à l'émission de radio. De même, la possibilité pour le locuteur de *voir ou non* son allocutaire distingue la téléconférence téléphonique du téléphone traditionnel ou de la radio.

– L'ouverture illimitée du *nombre des destinataires* est une conséquence de l'absence de contact physique. Au lieu d'une énonciation entre deux personnes ou avec un public plus vaste regroupé dans un même lieu (cours, conférence ou spectacle), la radio ou la télévision mettent en relation, dans une asymétrie extraordinaire, un locuteur et un auditoire dont l'extension et l'identité sont difficilement déterminables.

– Le caractère *statique ou non* des interlocuteurs dépend aussi du médium : l'apparition du téléphone portable permet aux locuteurs de communiquer à n'importe quel endroit.

– L'existence d'*un tiers invisible* caractérise certains genres de discours : dans les émissions de télévision (comme au théâtre, mais d'une autre manière) les interlocuteurs placés dans le studio parlent en présence d'un tiers invisible (le téléspectateur, l'auditeur) et élaborent leur parole en fonction de lui. Il arrive aussi que dans le studio il y ait des spectateurs invités ou que l'émission soit présentée dans un théâtre, de manière à ce que les destinataires invisibles disposent de sortes de représentants sur place. Chaque type d'émission doit gérer à sa façon cette situation de « trilogue », c'est-à-dire de parole à trois participants.

– Les énoncés peuvent être éphémères ou *destinés à être consommés sous forme d'enregistrement* : disques, bandes, fichiers numériques… On peut en outre distinguer les énoncés « spontanés », conçus en fonction d'un enregistrement (cas de l'homme politique qui parle en se sachant enregistré par la télévision), et ceux dont l'enregistrement est fait par surprise.

– L'intervention de *machines* joue aussi un rôle notable : un certain nombre d'énoncés « oraux » sont *produits* par des machines et non plus des humains (dans les jeux vidéo, les ordinateurs, les systèmes de navigation…). Réciproquement, la commande vocale permet à des humains de s'adresser oralement à des machines.

– Même la *stabilité matérielle* du texte est mise en cause par les nouvelles technologies. L'écran d'un ordinateur associé à un cédérom ou branché sur Internet offre un texte hétérogène et en reconfiguration perpétuelle, en fonction des décisions de son « lecteur ». L'écran lui-même n'est qu'une fenêtre ouverte de manière instable sur un « texte » qui est parfaitement irreprésentable : c'est un **hypertexte**, qui par ses « liens » participe d'un immense réseau de relations virtuelles permettant un nombre illimité de parcours distincts. L'internaute y navigue de manière peu contrainte dans une forêt d'énoncés où se mêlent écrit, son et image, qu'il convoque ou fait disparaître et qu'il peut aussi stabiliser en les enregistrant ou les imprimant.

5

Données linguistiques et grammaticalité

La linguistique est une science **empirique**, c'est-à-dire qu'elle doit rendre compte de **données** verbales, de l'usage effectif que font de la langue les locuteurs ; ce qui l'oblige à modifier ses modèles s'ils ne correspondent pas aux données langagières. En fait, ce qu'analyse le linguiste n'est pas véritablement « donné » mais le résultat d'une construction.

Données et présupposés linguistiques

Le découpage et l'observation des unités de la langue sont en effet toujours liés à des hypothèses, implicites ou explicites.

Le poids de l'écrit

L'enseignement de la grammaire scolaire privilégie inévitablement l'écrit. Mais, on l'a dit, il suffit d'enregistrer une conversation pour voir qu'il y a de grandes différences entre ce que retient l'écriture et la réalité d'un échange oral. De même, le découpage orthographique en mots oriente subrepticement notre façon de découper la chaîne verbale : comme on écrit « je le vois » et non « jele vois » ou « jelevois », on a tendance à voir dans « je » un élément indépendant du verbe plutôt qu'une marque qui indiquerait qu'il s'agit de la première personne. Or ce n'est pas du tout évident.

La tradition grammaticale

Notre analyse de la langue est également conditionnée par les cadres que nous avons appris à l'école. Mais ces catégories (phrase, mot, nom, suffixe, apposition…) perdent souvent de leur évidence dès qu'on regarde les phénomènes dans leur complexité : peut-on considérer que le nom « imbécile » dans « cet imbécile de Paul » est une apposition ? Dans quelles catégories faut-il ranger « que » dans « Que l'on m'amène le prisonnier ! » ou « de » dans « De partir l'ennuyait beaucoup » ? Est-ce que « de la » dans « Je veux de la soupe » est un article « partitif », comme on l'enseigne communément, ou n'est-ce pas simplement la combinaison de la préposition « de » et de l'article défini ? On ne peut répondre à de telles questions qu'en observant les données, en procédant à une série de manipulations, en fonction d'hypothèses que l'on formule explicitement.

La diversité des théories

Le fait qu'il existe une grande diversité de théories linguistiques implique qu'on peut catégoriser et analyser de multiples manières le « même » phénomène linguistique. Une « donnée » ne prend en effet véritablement forme qu'à travers le modèle qui la découpe et l'interroge. Il y a des théories linguistiques qui refusent de manipuler des unités « sous-entendues ». Considérons les énoncés suivants :

« Mange tes salsifis ! »
« Ne pas oublier de nettoyer la machine après usage. »

Si l'on part du principe que toute phrase verbale doit posséder un sujet exprimé, on considérera que de tels énoncés ne sont pas des phrases verbales, ou tout au moins pas des phrases verbales « normales », puisqu'elles sont dépourvues de sujet. D'autres théories y verront au contraire des phrases à sujet « sous-entendu », parce qu'elles postulent qu'il peut exister dans la langue des unités qui jouent un rôle syntaxique mais qui ne sont pas manifestées par des sons ; ils s'appuient donc sur une conception de la syntaxe qui dépasse les combinaisons visibles de mots, qui met au jour des unités linguistiques là où en surface on n'en voit pas. Mais un problème se pose alors : si on a le droit d'introduire des unités phonétiquement vides, non prononcées, pour analyser telles ou telles constructions, qu'est-ce qui prouve au linguiste que ces unités existent bien, que ce n'est pas lui qui les fabrique quand cela l'arrange ? En d'autres termes, poser qu'il y ait des unités phonétiquement vides, cela implique aussi qu'on se donne des critères pour décider quand il est légitime de recourir à de telles unités pour analyser un fonctionnement linguistique.

L'instabilité des données

La variation

Pour rassembler les matériaux sur lesquels il va travailler, le linguiste doit commencer par recueillir les énoncés qui sont « du français », « du bulgare », « du japonais »… Mais « *le* français », « *le* bulgare », « *le* japonais »… existent-ils vraiment, du moins comme des réalités homogènes ? En tant que locuteurs, nous sommes sans cesse confrontés à la **variation linguistique** (voir p. 152) ; nous savons par expérience que tous ceux qui parlent

« la même langue » n'emploient pas les mêmes mots ou les mêmes constructions syntaxiques et que le même locuteur, selon les circonstances (à l'écrit, à l'oral, au travail, en famille...), s'exprimera de manières diverses. Il arrive même constamment que plusieurs prononciations d'un même son ou plusieurs constructions soient employées concurremment par les mêmes locuteurs dans les mêmes circonstances. Il existe en outre une variation géographique constante, que le linguiste ne peut ignorer : ainsi distingue-t-on divers « dialectes », « parlers », « patois »... Ces variations ne manquent pas de compliquer la tâche du linguiste. Que va-t-il faire si un ensemble de locuteurs francophones considèrent comme français certains énoncés que d'autres locuteurs ne jugent pas relever du français ? ou si les mêmes données sont considérées par les mêmes locuteurs selon les lieux ou les moments tantôt bonnes, tantôt mauvaises ? Il existe, bien sûr, des solutions, mais elles passent par une argumentation.

L'unité d'une langue

Il est impossible de définir l'identité d'une langue en se fondant sur des critères purement linguistiques. La distinction entre « dialecte » et « langue », par exemple, fait intervenir des facteurs comme l'existence d'une littérature, d'un État, d'un système scolaire, mais aussi la conviction des locuteurs qu'ils parlent un idiome différent des autres... Dans toute communauté linguistique coexistent un usage de la langue relativement stabilisé, celui qui est enseigné à l'école et employé dans les situations valorisées, et des usages peu ou pas contraints, qui sont soumis à des variations continuelles. L'évolution des manières de parler est ainsi largement commandée par leur prestige social : comme les locuteurs pensent qu'un usage associé à des situations valorisées (politique, administration, religion…) appartient de plein droit à la langue, cet usage valorisé va évoluer plus lentement que des usages qui font l'objet d'un contrôle social bien moindre. C'est une des explications des rythmes d'évolution de la plupart des langues européennes : comme au Moyen Âge le latin était la langue de culture, et la seule enseignée, les langues employées dans la vie courante pouvaient évoluer très vite en fonction de la diversité géographique ou sociale. En revanche, à partir du moment où on a utilisé ces langues comme langues officielles et qu'on les a enseignées à l'école, l'évolution s'est faite beaucoup plus lentement, car les locuteurs avaient une norme à laquelle se référer.

Le recueil des données

Les corpus

Discipline empirique, la linguistique s'appuie sur des énoncés **attestés**, sur ce que disent effectivement les locuteurs. Suffit-il, pour accéder à ces énoncés attestés, de constituer des **corpus**, c'est-à-dire de relever un nombre d'énoncés oraux et écrits suffisamment nombreux et diversifiés pour être **représentatifs** des usages d'une communauté linguistique ? C'était le point de vue qui était défendu par le structuralisme (voir p. 111). Mais on s'est vite aperçu que ce n'était pas si simple, qu'on aurait beau multiplier les relevés, on ne pourrait jamais recenser tous les types d'énoncés possibles dans une langue. Ce n'est pas parce qu'un phénomène linguistique n'est pas attesté dans un corpus qu'il n'appartient pas à la langue considérée. Néanmoins, le développement récent, grâce à l'informatique, de la **linguistique de corpus** a contribué à renouveler cette question, puisqu'on peut aujourd'hui balayer des masses beaucoup plus considérables de données linguistiques.

L'intuition linguistique

Le linguiste est obligé de combiner les approches qui s'appuient sur un corpus et celles qui s'appuient sur **l'intuition linguistique** de **locuteurs natifs** de la langue étudiée, qui jouent le rôle d'**informateurs**. Tout locuteur qui maîtrise véritablement une langue (en règle générale il s'agit de sa langue maternelle) est en effet censé capable de dire si un énoncé appartient ou non à cette langue. Un francophone natif dira par exemple que « Deux de ces livres sont abîmés » est du français mais pas « *Deux de des livres sont abîmés » (l'astérisque indique que l'énoncé qui le suit est mal formé). Pour exploiter cette intuition, le linguiste construit des batteries de **tests** et interroge un ensemble de locuteurs, voire sonde sa propre intuition s'il est locuteur de la langue étudiée. Par exemple, s'il s'intéresse aux déterminants du nom en français, il construira systématiquement des séries de combinaisons : « le mon livre », « mon le livre », « tout mon livre », « mon tout livre », etc., pour isoler celles qui sont possibles en français. Toutefois, pour l'étude des langues qui ne sont plus parlées (latin, grec…), le recours à l'intuition des locuteurs est impossible ; on ne dispose que d'ensembles réduits de textes, relevant d'usages restreints, le plus souvent littéraires. Pour certaines langues anciennes, on ne dispose parfois que de rares inscriptions, voire d'une seule !

Mais le recours à l'intuition, de toute façon, soulève des difficultés. Ne serait-ce que parce que, comme on l'a vu, la langue est hétérogène, que tout le monde ne parle pas de la même manière. En outre, le jugement d'agrammaticalité, c'est-à-dire l'affirmation qu'un énoncé est mal formé, est souvent une affaire de contexte : le même énoncé sera accepté ou rejeté selon le contexte dans lequel on imagine qu'il est prononcé. Ainsi, « Paul a vu lui » sera agrammatical si « lui » reprend un nom antérieur (« *Jean est arrivé ; Paul a vu lui »), mais grammatical si le locuteur montre une personne sur une photo pour l'opposer à une autre : « Paul a vu lui, et pas elle ». En outre, bien des locuteurs déclarent impossibles des énoncés qu'un enregistrement montre qu'ils utilisent en fait fréquemment...

Quand un énoncé est reconnu comme agrammatical, il faut s'assurer que son agrammaticalité ne résulte pas d'un autre phénomène que celui qu'on étudie. Si par exemple on veut analyser les comportements syntaxiques des verbes dans les constructions impersonnelles, on va s'apercevoir que l'énoncé « *Devant la fenêtre il passe mes filles » est agrammatical ; on sera alors peut-être tenté d'en conclure que le verbe « passer » n'accepte pas d'entrer dans ces constructions. En fait, une analyse plus poussée montre que l'agrammaticalité de « *Devant la fenêtre il passe mes filles » ne vient pas du verbe mais plutôt du déterminant (« mes ») du groupe nominal placé après le verbe ; il suffit en effet de remplacer « mes filles » par « quelques filles » pour que l'énoncé devienne grammatical : « Devant la fenêtre il passe quelques filles ».

Les degrés de grammaticalité

La grammaticalité ou l'agrammaticalité d'un énoncé est bien souvent une question de **degré**, et va donc dépendre de variations apparemment ténues : « *De la terre est dispersée » semble très bizarre en français ; mais « De la terre a été dispersée » est déjà bien meilleur, tandis que « Pendant la journée, de la terre a été dispersée sur le sol » semble parfaitement grammatical. Le linguiste est obligé de rendre compte de ces gradations, d'expliquer pourquoi un énoncé est perçu comme meilleur qu'un autre. Pour noter les degrés de grammaticalité, il place en général des signes devant les énoncés étudiés : l'absence de signe marque la grammaticalité ; un *?* marque que l'énoncé est douteux ; viennent ensuite « *??* », puis « *?** ». Quant à l'astérisque *, il marque l'agrammaticalité franche.

Le problème du contexte

Les « données » véritables du linguiste, en fait, ce ne sont pas des énoncés isolés mais des énoncés inscrits dans des contextes déterminés, qu'il s'agisse du **contexte linguistique** (dit aussi **cotexte**), c'est-à-dire les énoncés qui le précèdent et/ou le suivent, ou qu'il s'agisse du **contexte situationnel**, des circonstances de l'énonciation. Le linguiste est obligé de prélever ses énoncés dans ces totalités plus vastes, donc de les séparer de leur contexte.

En fait, selon le type de phénomène qu'il étudie, le linguiste va travailler sur des contextes plus ou moins étendus. Pour la syntaxe il se contente bien souvent de travailler sur des phrases. Mais s'il veut étudier l'emploi des temps verbaux, il va souvent lui falloir prendre en compte des séquences plus complexes : un imparfait aura des valeurs très différentes selon qu'il se trouve dans une description, dans un fragment au discours indirect libre, dans une narration... Pour les interactions orales, le contexte à prendre en compte n'est pas seulement verbal : il est aussi paraverbal (l'intonation, les pauses...) et gestuel. Quant aux linguistes qui étudient les modes d'organisation de textes entiers relevant de genres de discours (un sermon, un article scientifique...), ils doivent faire intervenir de nombreux paramètres du contexte sociohistorique. Ici encore les « données » à recueillir sont à définir par le linguiste en fonction de ses hypothèses de travail.

Le problème des énoncés déviants

Nous avons dit plus haut que les locuteurs d'une langue sont capables de dire si un énoncé est « grammatical », s'il appartient ou non à leur langue. Mais jusqu'ici nous n'avons pas précisé ce qu'on pouvait entendre par cette « grammaticalité ». Un énoncé peut être jugé « mauvais » par un locuteur pour des raisons de divers ordres, qui n'intéressent pas toutes au même titre le linguiste. Ce locuteur peut par exemple le rejeter parce qu'il lui semble « lourd » ou « peu clair ». En fait, on doit distinguer la grammaticalité de notions voisines, telles que celles de **correction**, d'**interprétabilité**, d'**acceptabilité**, de **pertinence**.

La correction

Le jugement de **correction** fait intervenir la **norme**. La langue est une réalité sociale qui, comme telle, se trouve soumise à des normes ; il existe des prescriptions, explicites ou non, qui condamnent certains usages. Ces condamnations ne portent pas sur des fautes erratiques (télescopages, bredouillages, interruptions...), mais sur des constructions fréquemment attestées et linguistiquement explicables. Pour le linguiste, en revanche, dès lors que des formes jugées « incorrectes » sont installées dans l'usage, il faut en expliquer la structure ; pour lui, les énoncés suivants seront donc parfaitement *grammaticaux*, bien qu'incorrects au regard de la norme :

« Le mec que je te dis est pas net. »
« Elle est allée au boulanger. »
« Comment que tu vas faire ? »

De toute façon, les tours jugés incorrects à un moment donné peuvent devenir la norme ultérieure ; ils sont révélateurs des tendances qui gouvernent l'évolution de la langue (voir p. 152). Les diverses langues romanes d'aujourd'hui sont issues d'un latin incorrect.

L'interprétabilité

Il arrive souvent qu'une phrase *agrammaticale* soit parfaitement **interprétable**, c'est-à-dire puisse se voir affecter une signification par le destinataire, et, en revanche, qu'une phrase *grammaticale* soit **ininterprétable** ou peu interprétable. Observons les deux énoncés suivants :

(1) « Moi vouloir whisky ».
(2) « L'ombre promène le chauffe-eau ».

(1) est *agrammatical* mais parfaitement *interprétable* : il s'agit d'ailleurs d'énoncés qui dans les westerns ou les bandes dessinées sont parfois mis dans la bouche de certains groupes de locuteurs, en particulier les Indiens d'Amérique, et que le lecteur n'a aucun mal à comprendre. En revanche, la phrase (2) a beau être *grammaticale*, il est difficile de l'interpréter. En fait, il faut être prudent à ce sujet : on ne peut presque jamais affirmer qu'une phrase est irrévocablement ininterprétable ; avec un contexte approprié on peut rendre interprétables bien des énoncés qui hors contexte semblent dénués de sens. C'est ainsi qu'on peut entendre dans les couloirs des

hôpitaux des phrases comme « La sciatique du docteur Dupont n'a pas dîné », où le sujet désigne le malade souffrant de sciatique et opéré par le docteur Dupont.

L'acceptabilité

Un énoncé peut fort bien être grammatical et interprétable mais **inacceptable**, car exigeant de trop grands efforts pour être compris. Ici « inacceptable » a un sens restreint, technique, pas celui qu'il a dans l'usage courant. La phrase « À qui dis-tu que Paul a voulu que le projet auquel Jean pense parfois la nuit soit vendu ? » a beau être une phrase grammaticale et interprétable (au prix néanmoins de quelque effort), sa construction trop compliquée la rend inacceptable. Mais l'acceptabilité est une notion difficile à manier, car elle dépend pour une bonne part du contexte d'énonciation et des aptitudes des locuteurs : dans un ouvrage de sociologie ou de philosophie, l'attention du destinataire est beaucoup plus forte que dans une conversation au coin de la rue.

On ne confondra pas les phénomènes d'ininterprétabilité ou d'inacceptabilité avec le fait que certains énoncés, dans la mesure où ils relèvent de discours spécialisés, ne sont pas compréhensibles par les profanes. C'est le cas par exemple de cette phrase extraite d'un ouvrage du philosophe allemand M. Heidegger : « Là où l'être perdomine, là perdomine et pro-vient en même temps, comme relevant de lui, l'appréhension, le fait d'amener à stance, par un recevoir résistant, le stable en soi qui se montre » (*Introduction à la métaphysique,* trad. fr., Paris, Gallimard, p. 146). Il y a ici cumul d'un vocabulaire philosophique technique et de procédés stylistiques caractéristiques d'un philosophe dont la lecture est jugée difficile.

La pertinence

Un énoncé peut être parfaitement grammatical, interprétable et acceptable mais **non pertinent**, c'est-à-dire non approprié à la situation dans laquelle il est produit. Tout énoncé intervient en effet dans un contexte singulier et ne prend véritablement sens que référé à ce contexte. La pertinence peut relever de facteurs très divers. Par exemple :

– **Textuels.** Il y a des énoncés qui apparaissent incohérents par rapport à ce qui les précède. Par exemple si l'on répond « Est-ce qu'il pleut ? » à la question « Paul est là ? ». Peut-être le locuteur a-t-il fait exprès de répondre de manière inappropriée, mais il y a de toute façon transgression d'une règle.

– **Liés aux genres de discours.** On ne dit pas « Bonjour ! » au milieu d'une conversation, on ne commence pas une dissertation par la conclusion, etc.

– **Liés à des normes de politesse.** On ne dit pas du mal des plats que l'on vous sert si on est invité (énoncés jugés « déplacés »). Dans ce cas, la compréhension n'est pas compromise ; le locuteur est seulement évalué négativement.

Les linguistes qui étudient le système de la *langue* n'ont en principe pas affaire à la pertinence. En revanche, pour les linguistes qui s'intéressent au *discours* c'est une tâche importante que d'étudier ce type de phénomène. Quand un locuteur profère un énoncé qui semble de prime abord non pertinent, le destinataire s'efforce en général de lui assigner une interprétation en postulant qu'il est pertinent quand même. C'est un des ressorts essentiels de l'implicite (voir p. 132).

L'étude de la pertinence d'un énoncé relève d'une **compétence communicative**, qui, à côté de la compétence proprement linguistique, est nécessaire pour parler de manière appropriée dans une situation déterminée. Toute société, tout groupe prescrit en effet ce qu'il est convenable ou non de dire dans tel ou tel type de situation et comment il convient de le dire. À côté de normes qui sont caractéristiques d'un genre de discours, il existe des normes de portée très générale. C'est le cas en particulier des normes de la politesse.

6

Les branches de la linguistique

Depuis les débuts de la réflexion grammaticale, on distingue dans le langage divers ensembles de phénomènes, qui sont l'objet d'autant de **branches** de la linguistique. À la traditionnelle division entre **phonétique, morphologie, syntaxe** et **sémantique** s'ajoutent aujourd'hui les domaines de la **pragmatique** et de la **textualité**.

La phonétique

Perspectives phonétique et phonologique

À ses débuts, la linguistique moderne a introduit une distinction importante entre deux modes d'appréhension des phénomènes phonétiques, celle entre la perspective **phonétique** (en un sens étroit) et la perspective **phonologique**. Dans la première perspective, on étudie la langue comme une réalité physique, comme des sons ; en revanche, dans la seconde on étudie ces sons en tant qu'ils ont une **fonction distinctive** dans une langue déterminée. Par exemple, si on prononce un *i* long et un *i* bref, on produit deux **sons** différents, qui n'ont pas la même substance physique, comme le montre n'importe quel enregistrement ; pourtant, qu'il soit long ou bref, le *i* dans des langues comme le français ou l'espagnol constitue un seul et même **phonème**, car il n'existe pas dans ces langues de mots qui se distinguent par le fait que l'un comporterait un *i* long et l'autre un *i* bref. En revanche, en anglais certains mots (par exemple *sheep* et *ship*) se distinguent grâce à cette opposition : si je dis *I saw a ship/ sheep*, à l'oral c'est la longueur du *i* qui permettra au destinataire de savoir s'il s'agit d'un mouton ou d'un bateau. Pour l'anglais, on considérera donc que le *i* long et le *i* bref constituent *deux* « phonèmes » distincts.

La phonétique n'étudie pas seulement des unités **segmentales**, c'est-à-dire des unités qu'on peut découper dans la chaîne parlée, telles que les consonnes ou les voyelles. Une de ses branches, la **prosodie**, s'intéresse aux phénomènes **suprasegmentaux**, c'est-à-dire qui portent sur des unités de taille supérieure : le mot (phénomènes **accentuels**), la phrase (phénomènes **intonatifs**). Ces phénomènes prosodiques peuvent eux aussi avoir une valeur phonologique. Ainsi, en espagnol *canto* (« Je chante »), où l'accent tombe sur la première syllabe, se distingue de *cantó* (« Il a chanté »), où l'accent tombe sur la dernière syllabe. De même, en français l'intonation montante d'une interrogation permet de distinguer « Paul est là ? » (question) et « Paul est là » (affirmation). Dans certaines langues (chinois, vietnamien…), il existe des **tons**, c'est-à-dire que la même suite de sons correspondant à des mots d'une seule syllabe prononcée à des hauteurs différentes aura des sens distincts. C'est ainsi que les deux principales variétés du chinois, le cantonais et le mandarin, ont respectivement sept et quatre tons.

Phonétique articulatoire, acoustique, auditive

On divise communément la phonétique en trois branches : la phonétique **articulatoire**, la phonétique **acoustique** et la phonétique **auditive**.

– La phonétique *articulatoire*, la plus ancienne, analyse la manière dont l'appareil phonatoire des êtres humains produit les sons des diverses langues. Les **voyelles** sont ainsi définies comme des sons prononcés grâce à un passage libre, à travers la bouche, de l'air qui vient des poumons ; en revanche, les **consonnes** sont caractérisées par un rétrécissement ou une fermeture momentanée du passage de l'air. C'est en se fondant sur la manière dont cet air est modifié (par les lèvres, les dents, la langue…) pour produire la variété des sons que l'on a construit des typologies : par exemple voyelles *antérieures/postérieures* (prononcées à l'avant/à l'arrière de la bouche), voyelles *ouvertes/fermées* (selon la distance entre la langue et la voûte du palais), consonnes *occlusives* (avec fermeture complète du conduit vocal, suivie d'un relâchement de l'air), consonnes *labiales* (qui font travailler les lèvres), etc. Il existe aussi des **semi-consonnes**, c'est-à-dire des consonnes dont l'articulation se rapproche de celle de certaines voyelles ; par exemple, le son transcrit en français par *-lle* dans « fille », noté [*j*] en API, est une semi-consonne.

– La phonétique *acoustique* n'a pu se développer qu'à la fin du XIXe siècle, quand on a disposé d'appareils permettant d'analyser les ondes qui se propagent dans l'air. Son but est en effet d'étudier la structure physique des sons de la langue, appréhendés comme des phénomènes vibratoires. Ils sont analysés en termes de **hauteur** (la fréquence, exprimée en hertz), d'**intensité**, de **durée** et de **timbre** (qualité, « couleur » d'un son qui permet de le distinguer des autres). Cette analyse permet aussi, en sens inverse, d'effectuer une **synthèse de la parole**, c'est-à-dire de produire à l'aide de machines des séquences sonores qui soient compréhensibles par les locuteurs (voir p. 171).

– La phonétique *auditive* s'intéresse aux processus d'audition du langage, aux conditions de perception, c'est-à-dire à la façon dont le système neurologique identifie les sons dans la chaîne parlée. Ce type de recherche ne relève pas à proprement parler de la linguistique.

La phonétique combinatoire

Comme les sons influent les uns sur les autres quand ils sont en contact dans la chaîne parlée, la phonétique doit également prendre en compte la dimension **combinatoire**, et ceci à différents niveaux : au niveau de la syllabe, du mot, du groupe de mots, de la phrase. La consonne *d*, par exemple, sous l'influence du *m* qui la suit, est souvent prononcée *n*, par exemple dans un énoncé comme « Il est six heures et demie ». De manière générale, ce type de phénomène est largement sous la dépendance de la **loi du moindre effort**, le locuteur cherchant systématiquement à s'épargner les mouvements articulatoires qui ne sont pas indispensables. Il existe un conflit permanent entre cette tendance au moindre effort et la nécessité d'assurer la communication, d'être compris du destinataire. Ainsi, aux phénomènes dits d'**assimilation**, qui réduisent les différences entre les phonèmes, s'opposent les phénomènes de **dissimilation**, qui renforcent la différence entre les phonèmes ; par exemple, en français « couloir » résulte d'une dissimilation de « couroir », qui comportait deux *r* ; la substitution d'un *l* à un *r*, d'une voyelle voisine d'un point de vue articulatoire, facilite la prononciation.

Les diverses branches de la phonétique que nous venons d'évoquer interagissent. La phonétique articulatoire, par exemple, indique que telle voyelle, normalement, se prononce d'une certaine façon ; mais l'analyse de la prononciation effective de cette voyelle peut montrer qu'en réalité certains locuteurs la produisent d'une manière différente : pour le destinataire, l'essentiel est en effet que la voyelle soit reconnaissable, et non la façon dont elle est prononcée. C'est en se fondant sur ce principe qu'on peut rééduquer des locuteurs dont l'appareil phonatoire a été altéré. On le voit, ici la perspective acoustique permet de corriger la perspective articulatoire.

Morphologie

La morphologie est la discipline qui étudie **la structure des mots**. Bien entendu, cette structure diffère selon le type de langue concerné. On ne peut pas faire comme si des notions telles que celles de « mot », de « suffixe », de « mot composé », etc. désignaient des unités évidentes et identiques dans toutes les langues, qui présentent en réalité une grande variété dans la manière dont sont définies et combinées leurs unités. Dans une langue comme l'allemand, par exemple, la plupart des verbes comportent une particule antéposée (une préposition, un adjectif, un nom…) qui dans certaines conditions devient autonome et se place à la fin de la phrase ; le verbe *aufmachen* (« ouvrir ») est constitué du verbe *machen* auquel est associé l'élément *auf* : on dira *Sie werden ihm aufmachen* (« Ils lui ouvriront ») où *auf* est associé au verbe à l'infinitif, mais on dira *Sie machen ihm auf* (« Ils lui ouvrent »), au présent de l'indicatif, *auf* étant alors séparé du verbe.

Les types de langues

Depuis le XIXe siècle, les linguistes se sont efforcé d'établir une **typologie des langues**, de les ranger dans diverses grandes classes en s'appuyant sur des critères morphologiques. La typologie la plus commune – dont la validité est cependant constamment discutée – distingue quelques grandes catégories : langues **flexionnelles, isolantes, agglutinantes, analytiques**.

– Dans les langues **flexionnelles**, les mots ont une morphologie riche. La flexion est en effet un procédé morphologique selon lequel sont ajoutés à un radical d'autres éléments porteurs de sens, des « désinences », qui permettent d'exprimer des valeurs grammaticales, comme la fonction, le nombre ou le genre pour le nom, et la personne, le temps, le mode, l'aspect ou la voix pour le verbe. On distingue plus précisément les **conjugaisons**, lorsqu'il s'agit de flexions verbales, des **déclinaisons**, lorsqu'il s'agit de flexions nominales ou pronominales. Un cas plus subtil de flexion est la modification d'une voyelle d'un mot, plutôt que l'ajout d'une désinence : ainsi en anglais à côté du prétérit en *-ed* qui s'ajoute au radical (*walk/walked*), on trouve des oppositions telles que *I ring* (« je sonne »), *I rang* (« j'ai sonné »).
– Les langues **isolantes** tendent à ce que chaque « mot » soit, à lui seul, une seule unité minimale de sens, c'est-à-dire que les unités douées de sens n'y sont pas décomposables en unités significatives plus petites. Dans ce cas, la morphologie est nécessairement rudimentaire. Le chinois mandarin est une langue isolante typique : les mots chinois ne sont pas décomposables, ils n'ont pas de flexion. En conséquence, la valeur grammaticale ou syntaxique d'une unité dans une langue isolante dépend souvent de sa place dans la phrase, ou de certains faits prosodiques, comme les tons (voir p. 74). L'anglais est un exemple de langue qui, en tant que langue germanique, avait un système de flexions relativement déve-

loppé mais qui est devenu de plus en plus isolant, avec une morphologie des noms et des verbes pauvre.

– Dans les langues **agglutinantes**, chaque « mot » est, en règle générale, composé de plusieurs unités douées de sens : des *affixes* (en particulier *suffixes* et *préfixes*) juxtaposés ou insérés (on parle alors d'*infixes*) à des radicaux indiquent les relations syntaxiques entre les constituants de la phrase. On cite habituellement le turc comme exemple de langue agglutinante. Le mot *ev* signifie « maison », *evler* signifie « les maisons », *evlerim* « mes maisons », *evlerimde* « dans mes maisons », etc. En hongrois, autre langue considérée comme plutôt agglutinante, par exemple *a legmegengesztelhetetlenebbektol*, qu'on pourrait traduire par « de la part des plus irréconciliables » se décompose ainsi : l'article défini *a* suivi de *leg* (« plus »), *meg* (préfixe placé devant un verbe pour indiquer que l'action est allée à son terme), *engesztel* (radical du verbe), *het* (morphème de sens équivalent à *-able*), *etlen* (morphème de négation), *ebb* (morphème complémentaire de *leg* pour marquer le superlatif), *ek* (morphème du pluriel), *tol* (prépositon agglutinée signifiant « venant de »). Mais même dans une langue agglutinante la plupart des mots ne sont pas aussi longs.

– Les langues **analytiques** s'opposent, d'une part, aux langues agglutinantes par le fait que les relations syntaxiques entre les éléments d'une phrase sont exprimées par des formes distinctes, et, d'autre part, aux langues flexionnelles, car les valeurs grammaticales (fonction, genre, etc.) ne sont pas nécessairement indiquées par des flexions. Comme il y a moins d'éléments juxtaposés à des radicaux, dans ces langues analytiques la longueur des mots est fortement réduite, mais il y a davantage de mots dans une phrase. Une langue isolante est par nature analytique. Le français est une langue de tendance analytique.

Par exemple, là où en latin on avait des conjugaisons avec des terminaisons, en français on juxtapose plusieurs mots : *vidi* « j'ai vu », *cantabo* « je vais chanter » ou « je chanterai », etc. De même, beaucoup de relations qui en latin étaient marquées par les cas sont indiquées en français par un grand nombre de prépositions ou de locutions prépositionnelles (« par », « avec », « à cause de »…).

Mais cette typologie n'est qu'un instrument grossier : le fonctionnement effectif des langues est complexe, et chacune appartient plus ou moins à plusieurs de ces groupes. C'est donc plutôt une question de dominance et de continuum.

Dérivation et composition

La morphologie étudie en particulier :
– la **dérivation,** c'est-à-dire l'adjonction d'**affixes**, qu'il s'agisse de préfixes (« hyper-doué ») placés avant le terme de base, de **suffixes** (« pes-age »), placés après le terme de base, ou d'**infixes**. L'infixe se trouve à l'intérieur du terme de base ; par exemple, le verbe latin *frangere* résulte de l'ajout d'un infixe *n* entre le *a* et le *g-* de *frag-*.
– la **composition**, c'est-à-dire la constitution des mots qui résultent de la combinaison d'unités lexicales susceptibles par ailleurs d'un usage autonome : « pomme de terre », par exemple, est constitué de trois mots autonomes dans d'autres emplois. En revanche, dans le mot « rêverie », qui a été construit par dérivation, l'unité *-erie* ne peut pas être employée autrement que comme suffixe, ajouté à un radical. Il existe diverses sortes de composition : « portemanteau » ou « chauffe-eau » (verbe + nom complément d'objet direct) ne sont pas construits

de la même manière que « lune de miel ». Pour le vocabulaire savant, on recourt beaucoup aux **recomposés**, c'est-à-dire à des mots qui sont fabriqués à partir d'éléments empruntés au grec et au latin de l'Antiquité : « psychanalyse » a ainsi été fabriqué au XIXe siècle en combinant « psych- » (« esprit ») et « analyse », deux noms grecs.

Syntaxe

Spécificité de la syntaxe

La morphologie, qui considère les relations entre les unités constitutives du mot, est inséparable de la **syntaxe**, qui prend pour objet les relations des mots à l'intérieur de groupes et de ces groupes à l'intérieur des phrases. La syntaxe s'intéresse à des problèmes comme la définition de la phrase, les divers types d'accord, l'organisation des groupes (groupe nominal, verbal...), leur fonction (sujet, complément...), la subordination entre phrases, etc. Considérons ces trois énoncés :

(1)« Jean aime sa patrie. »
(2)« Jean est patriote. »
(3)« Luc a perdu le livre qu'il a acheté. »

Des énoncés (1) et (2) on peut dire que, dans un contexte déterminé, ils ont à peu près le même sens. Pourtant, les catégories de mots utilisées et leurs relations y sont très différentes. En revanche, (1) et (3) ont beau avoir des significations très différentes l'une de l'autre, d'un certain point de vue, celui précisément de la syntaxe, on a affaire à une même construction, quelque chose ne varie pas : les **catégories** et leurs **relations.** En effet, il s'agit dans les deux cas d'un nom sujet suivi d'un verbe et d'un groupe nominal complément d'objet direct.

L'ambiguïté syntaxique

Un énoncé n'est pas une simple suite de mots, mais il inscrit ces mots dans un réseau de dépendances, une *structure* syntaxique. Cela ressort en particulier quand il y a **ambiguïté** syntaxique, c'est-à-dire quand l'on peut associer au moins *deux* structures syntaxiques à une même suite de mots. Ainsi la phrase :

« Léon a vu le bouquet de sa chambre. »

peut recevoir deux interprétations. Dans l'une, « de sa chambre » est complément de « bouquet » : il est inclus dans le « groupe nominal » « le bouquet de sa chambre ». Dans l'autre, il s'agit d'un complément circonstanciel de lieu, qui peut changer de place : « De sa chambre Léon a vu le bouquet. » Dans les deux interprétations « de sa chambre » relève de la même **catégorie** (en l'occurrence, c'est un « groupe prépositionnel ») mais sa **fonction**, la relation qu'il entretient avec les autres constituants, diffère. Les structures syntaxiques ne sont donc pas lisibles à l'œil nu. Il faut savoir aller au-delà de l'arrangement immédiat des unités de la chaîne parlée. Regardons à présent ces trois phrases :

(1)« Avec Paul il a parlé toute la journée. »
(2)« Il a parlé toute la journée avec Paul. »
(3)« Il a parlé avec Paul toute la journée. »

Le groupe de mots « avec Paul » n'occupe pas la même place. Pourtant, on dira spontanément qu'il s'agit de la « même » phrase. Les constituants et leurs relations (« avec Paul » est chaque fois complément du verbe « a parlé »), le sens qui en résulte sont en effet identiques, du moins si l'on néglige le phénomène d'insistance. Nous nous trouvons ici dans une situation en quelque sorte symétrique de l'ambiguïté syntaxique. Là où on avait différentes structures syntaxiques pour une même suite de mots, voici que nous avons des combinaisons différentes des mêmes mots auxquelles on associe la « même » structure syntaxique, du moins à un certain niveau de représentation.

Si dans ces trois dernières phrases nous pouvons avancer qu'il s'agit bien de la *même* structure, qu'en dépit des variations de place les relations entre les mots restent stables, c'est par contraste avec des exemples comme ceux-ci :

(4) « Mon chat déteste le voisin. »
(5) « Le voisin déteste mon chat. »

Ici les mots ont beau être identiques et appartenir aux mêmes catégories, on n'a plus affaire à la même phrase, car les relations entre les constituants ont été modifiées.

Les groupes syntaxiques

En syntaxe, on ne peut pas raisonner seulement en termes de relations entre les mots. En fait, un grand nombre de règles de syntaxe concernent des **groupes de mots**. Par exemple, la fonction sujet dans une phrase comme « Le père de Sophie est furieux » n'est pas assurée par le mot « père » mais par le groupe « le père de Sophie », qui est un **groupe nominal**. On distingue aussi le **groupe adjectival**, le **groupe verbal** et le **groupe prépositionnel**. Ce dernier peut être organisé autour d'une *locution prépositionnelle*, et non d'une préposition élémentaire : « au moyen de », « grâce à »...

Un groupe syntaxique a une **tête** unique, qui lui donne son nom. Ainsi le « groupe adjectival » (par exemple « apte au service » ou « furieux de son échec ») a pour tête un adjectif (« apte » ou « furieux »). La tête est *obligatoire* (pas de groupe adjectival sans adjectif) et c'est elle qui confère ses propriétés essentielles au groupe : si le groupe adjectival peut exprimer une qualité, c'est parce que l'adjectif possède cette propriété. La tête appelle souvent des **compléments** de diverses catégories ; par exemple des groupes nominaux compléments du verbe (« Il chasse **le lion** »), ou des phrases compléments du nom (« L'idée **qu'il vienne** m'effraie »), compléments du verbe (« Je veux **qu'il vienne** »), de l'adjectif (« Je suis heureux **qu'il vienne** »), de la préposition (« Je fais tout pour **qu'il vienne** »).

Un groupe est souvent *inclus dans un autre groupe*. Le groupe adjectival, par exemple, peut avoir des compléments, mais il est lui-même complément de la tête du groupe nominal. À son tour, le groupe nominal peut être complément d'une préposition s'il est inclus dans un groupe prépositionnel. Dans la phrase « Je vis dans une maison riche en souvenirs », le groupe prépositionnel « en souvenirs » est inclus dans le groupe adjectival « riche en souvenirs », qui lui-même est inclus dans le groupe nominal « une maison riche en souvenirs », lui-même inclus dans le groupe prépositionnel « dans une maison riche en souvenirs ».

La phrase

La **phrase** ne se situe pas sur le même plan que les groupes : catégorie *maximale*, elle définit l'espace dans lequel ils entrent en relation les uns avec les autres. Elle les inclut sans être elle-même incluse dans une catégorie supérieure. Mais cela ne l'empêche pas d'être éventuellement incluse à l'intérieur de ces groupes, de leur être « subordonnée ». Ainsi dans la phrase :

« Paul soutient le principe *que tous y ont droit.* »

La phrase « tous y ont droit » est à son tour incluse dans un groupe nominal (« le principe que tous y ont droit »), lui-même inclus à un niveau supérieur dans un groupe verbal (« soutient le principe que tous y ont droit »). Mais en dernière instance ce groupe verbal lui-même est inclus dans une phrase, qui constitue la catégorie *maximale*, ultime.

On voit se manifester ici une des propriétés remarquables des langues naturelles en matière d'inclusion de catégories : la **récursivité**. Une même catégorie peut se dominer elle-même un nombre indéfini de fois. Par exemple une phrase relative peut en inclure une autre, et ainsi de suite à l'infini : « l'homme qui a vu la femme qui a vu le chat qui a tué l'oiseau qui... » De même pour un groupe prépositionnel : « le fils de l'ami de la sœur de la fille du voisin de... » Cela ouvre en droit la possibilité, évidemment inexploitable, de construire des phrases infinies.

La syntaxe et les autres composants

Reconnaître que la syntaxe constitue un domaine spécifique n'implique pas pour autant qu'elle soit isolée.

Par exemple, un phénomène comme l'**accord** entre nom et adjectif épithète, ou entre nom et verbe, est à la fois syntaxique et morphologique : il s'agit bien d'un phénomène morphologique (la variation des noms, des adjectifs, des verbes), mais qui est réglé par les relations syntaxiques. De même, des phénomènes *phonétiques* comme la liaison (le z entre « vais » et « à » dans « Je vais à Paris »), l'élision (« l'idiot » au lieu de « *le idiot ») ou l'accentuation sont contraints par la syntaxe. On ne fera pas d'élision, par exemple, pour des mots qui n'appartiennent pas au même groupe syntaxique ; ainsi entre « le » et « à » dans « Donne-le à Paul » : en effet, « le » est associé au verbe, et non au groupe « à Paul ».

On regroupe souvent syntaxe et morphologie sous le terme de **morphosyntaxe**. Mais c'est une question difficile que de décider s'il faut unifier syntaxe et morphologie comme l'étude de tous les types de relations entre morphèmes, ou s'il convient d'accorder à chacune de ces branches une autonomie relative.

Énonciation, sémantique, pragmatique

Les phénomènes énonciatifs

À côté des phénomènes d'ordre morphosyntaxique on accorde un rôle de plus en plus important à ceux qui relèvent de l'**énonciation**, domaine qui n'a été délimité que récemment. On appelle « énonciation » l'acte d'utilisation de la langue par un locuteur.

Chaque énonciation constitue un événement, et l'énoncé porte la trace de cet événement. On a vu (voir p. 30) que les langues sont des systèmes qui sont constitués de telle manière que les énoncés prennent pour repère leurs propres actes d'énonciation. C'est ce que montre l'existence de catégories comme celles de la **personne** et du **temps**. Le pronom « je » par exemple n'est pas un pronom comme les autres, il ne remplace aucun nom, mais désigne *celui qui est précisément en train d'énoncer ce* « je », l'énonciateur. On remarquera que cet « énonciateur » n'est pas l'individu en chair et en os qui parle, mais un certain rôle, celui d'énonciateur précisément, qui n'existe que dans et par la langue. Le présent de l'indicatif, de même, peut être étudié comme un morphème de la flexion du verbe (perspective morphosyntaxique), mais aussi comme la trace d'une relation entre l'énoncé et le sujet qui l'énonce ; en effet, en utilisant le présent, l'énonciateur indique qu'il y a coïncidence entre le temps de l'énoncé et le moment où il est en train de l'énoncer.

Les phénomènes qui relèvent de l'énonciation sont très divers ; on évoquera en particulier :

– Les **marqueurs de personne** : « je », « tu », « nous », « vous » désignent les participants à l'échange verbal, alors que les éléments à la troisième personne désignent ceux qui ne participent pas à cet échange.

– Les **temps verbaux** : le repérage de l'énoncé dans le temps se fait par rapport à l'acte d'énonciation. Le passé, par exemple, est défini non de manière objective mais comme un moment qui est posé comme antérieur à l'acte d'énonciation.

– Les **modalités** : les appréciations (« idiot », « heureusement », « génial », « facho »…), mais aussi les « modalités logiques », la manière dont l'énonciateur envisage la réalisation d'un événement (« peut-être », « il est probable que »…).

– Les **types de phrases** (interrogatives, exclamatives, impératives, assertives), qui indiquent quelle relation est établie par l'énonciation entre le locuteur et l'allocutaire.

– Les procédures de **thématisation** qui permettent de mettre en relief une partie d'une phrase : « Paul, je l'ai vu » ou « C'est Paul que j'ai vu », par exemple, mettent en évidence le constituant « Paul ».

– Le **discours rapporté** : quand on cite les propos d'un autre locuteur, on insère une énonciation dans une autre énonciation. Il existe divers procédés pour gérer les relations entre ces deux énonciations. Les trois plus connus sont le **style direct** (« Jean a dit : "Pierre est malade" »), le **style indirect** (« Jean a dit que Pierre était malade »), le **style indirect libre** (« Jean avoua tout : Pierre était malade »).

– Au-delà du strict discours rapporté, il y a un grand nombre d'autres phénomènes qui relèvent de la **polyphonie linguistique**, c'est-à-dire de phénomènes où le locuteur laisse percevoir dans son énoncé d'autres points de vue que le sien, dont il ne prend pas la responsabilité. Ainsi lorsqu'on dit un proverbe (« À père avare fils prodigue »...), c'est en réalité la sagesse des nations qui en est responsable, pas le locuteur. De même, si le locuteur met un mot entre guillemets (« Nous ne sommes pas seulement des "écolos" militants »), il l'emploie tout en montrant qu'il en attribue la responsabilité à quelqu'un d'autre.

La sémantique

On distingue traditionnellement une sémantique **lexicale**, ou **lexicologie**, qui cherche à analyser le sens des mots, leur identité sémantique. Elle s'intéresse en particulier à l'**étymologie** (l'origine des mots), à la **polysémie** (au fait qu'un mot ait plusieurs sens), à la **synonymie** (relations entre des mots qui ont le même sens), à la **néologie** (étude de l'apparition de mots nouveaux ou de sens nouveaux des mots), etc. Pour analyser le sens des unités lexicales, on décompose les mots en unités plus petites, dites **sèmes** : ainsi « courir » s'opposerait à « marcher » par la présence d'un sème /rapidité/.

Les mots sont soumis à des contraintes **distributionnelles**, en fonction des mots avec lesquels ils peuvent se combiner. Par exemple, l'adjectif « ancien » n'a pas le même sens selon qu'il est placé devant (« un ancien couvent ») ou après le nom (« un couvent ancien ») ; le verbe « reposer » n'a pas le même sens selon qu'il est intransitif et a un sujet humain (« Paul repose au cimetière du Père-Lachaise ») ou qu'il a un sujet non humain et a un complément régi par la préposition *sur* (« Le toit repose sur quatre poutres »).

Au-delà des mots qu'aborde la lexicologie, la sémantique doit prendre en compte les relations qu'entretiennent ces mots à l'intérieur d'unités plus vastes : le groupe de mots, la phrase, le texte. La signification d'une phrase est en effet bien autre chose que l'addition du sens des mots qui le constituent. Considérons ces phrases :

(1) « Luc voit Paul. »
(2) « Paul voit Luc. »
(3) « Avec Paul je travaille. »
(4) « Je travaille avec Paul. »
(5) « Jean écrit un livre. »
(6) « Jean relie un livre. »

Pour (1) et (2), c'est seulement le fait que le nom soit objet direct ou sujet qui modifie le sens de la phrase. Mais entre (3) et (4) la différence est d'une autre nature : bien que les fonctions des constituants ne soient pas modifiées, le sens est très différent ; en effet, quand « avec Paul » est en tête, la phrase oppose implicitement le travail avec Paul et le travail avec une autre personne ; en revanche, avec le complément placé à droite du verbe l'énoncé semble plutôt répondre à une question du type : Que fais-tu ? Quant au contraste entre (5) et (6), il montre comment les significations des différentes unités lexicales interagissent. Selon que le nom « livre » se trouve combiné avec le verbe « écrire » ou avec le verbe « relier », ce n'est pas la même facette de son sens qui se trouve sélectionnée : avec « écrire » il s'agit d'un livre virtuel, d'un projet, mais avec « relier » il s'agit d'un livre matériel, déjà existant.

Les phénomènes pragmatiques

Un énoncé n'est véritablement interprétable qu'à l'intérieur d'un contexte particulier. Hors contexte, il n'a que des possibilités de sens. La branche de la linguistique qui étudie l'inscription d'un énoncé dans son contexte est la **pragmatique**. Elle s'intéresse en particulier aux relations qui s'établissent entre les interlocuteurs à travers l'énonciation, à la manière dont un énoncé renvoie à son contexte et aux procédures que met en œuvre le destinataire pour assigner une interprétation à un énoncé dans un contexte déterminé. Cela peut être étudié à deux niveaux :

– L'allocutaire, pour chaque énonciation, doit rapporter les unités de l'énoncé à la situation particulière dans laquelle il est produit. En général, pour les pragmaticiens, la signification des phrases est conçue comme l'application d'*instructions* attachées à certaines classes de mots. Par exemple, il faut comprendre quelle procédure met en œuvre l'allocutaire pour identifier ce que désigne « il » dans l'énoncé « Jean a vu Paul hier. Il lui a parlé », alors que, d'un point de vue strictement grammatical, « il » peut désigner aussi bien « Jean » que « Paul ».

– Le « même » énoncé, selon la situation dans laquelle il apparaît, sera interprété comme produisant des actions très variées : l'énoncé « Je vous aime » peut référer à des individus très différents selon la valeur qui à chaque énonciation est donnée à « je » ou « vous », mais aussi selon qu'il s'agit d'un constat ou d'une déclaration solennelle, d'un énoncé ironique ou d'une citation, d'une objection ou d'une conclusion, etc.

Pour comprendre un énoncé, nous ne faisons pas seulement appel à notre connaissance de la langue et à l'environnement immédiat : nous mobilisons aussi notre connaissance du monde (connaissance dite **encyclopédique**). Pour comprendre par exemple la relation entre les deux phrases de la suite « Ma voiture est au garage ; Paul a cassé le volant », il faut savoir quel lien peut exister dans notre société entre un volant et une auto, entre l'absence de volant et l'impossibilité de conduire, entre un garage et un volant cassé. Quand on se trouve dans une société très différente, une partie du sens des énoncés fait défaut.

La pragmatique étudie également la manière dont le destinataire dans un contexte singulier extrait de l'énoncé des propositions **implicites**, en particulier quand l'énoncé est destiné à libérer un **sous-entendu** (voir p. 133).

Tout le monde est à peu près d'accord sur le fait que l'interprétation d'un énoncé doit prendre en compte son contexte ; mais on discute pour savoir si l'on doit distinguer dans le sens d'un énoncé une partie non contextuelle et une partie qui dépendrait du contexte, et, si oui, où passe la frontière. Ce qui est en jeu ici, c'est de savoir quelle part dans l'interprétation revient à la sémantique linguistique et quelle part revient au composant pragmatique.

La linguistique textuelle

Les locuteurs ne produisent pas des phrases isolées, mais des textes. Le linguiste doit ainsi prendre en compte l'ensemble du texte dont une phrase fait partie. Une branche de la linguistique – la **linguistique textuelle** – se donne précisément pour objet la **textualité**, en partant du principe qu'un texte forme une unité d'un autre ordre, qu'il est autre chose qu'une suite de phrases mises bout à bout, comme le montre en particulier le fait qu'on peut le résumer. L'unité d'un texte résulte de contraintes placées à deux niveaux distincts mais en interaction constante, qui correspondent à deux notions : celles de **cohésion** et de **cohérence**.

– Étudier la *cohésion* d'un texte, c'est étudier la manière dont les phrases s'enchaînent linéairement dans le texte (par la répétition de pronoms, de temps verbaux, par des conjonctions de coordination ou des adverbes de liaison, etc.).

– La *cohérence* d'un texte, en revanche, résulte de contraintes qui portent sur l'organisation d'ensemble de ce texte, en fonction du genre de discours dont il relève.

Un texte peut avoir de la cohésion sans avoir de cohérence (1), ou, inversement, avoir une cohérence sans avoir de cohésion (2).

(1) Le texte suivant montre une forte cohésion (grâce aux pronoms, aux reprises lexicales, à l'emploi des temps, aux adverbes de liaison…), mais il est difficile de lui attribuer une cohérence :

« Paul marchait lentement dans la rue. Il cassait le coquillage à coups de marteau dans cette magnifique artère, mais son camion était rempli de légumes frais. Ces derniers dormaient dans le champ de Nestor. »

(2) Un texte peut également être cohérent sans recourir à des marques de cohésion. Il suffit alors de savoir dans quel genre de discours, ou plus largement dans quel cadre s'inscrit un texte ou un fragment de texte pour lui trouver une cohérence. C'est le cas en particulier de certains textes littéraires, qui jouent avec les contraintes usuelles de la réalité. On le voit bien dans ce très court poème surréaliste de Paul Eluard :

> « Je déposerai mes épaules
> Chaque pas soulève un malheur
>
> Me perdre au large de mes tempes »
> (*Ralentir travaux*, 1930)

Le lecteur lettré cherchera une cohérence, à première vue absente, en partant du principe qu'il s'agit de poésie surréaliste, et donc qu'il faut chercher un sens au-delà des apparences. Le cadre (poème surréaliste) permet ainsi de pallier l'absence de cohésion.

La linguistique textuelle est partagée entre deux tendances divergentes :

– Il y a d'une part ceux qui ont une conception très « localiste » de la textualité : ils étudient la « cohésion », les processus par lesquels en temps réel les locuteurs construisent des relations entre les unités du texte, en s'appuyant sur les marquages linguistiques. C'est une démarche qui en règle générale combine pragmatique linguistique et psychologie cognitive.

– Il y a aussi ceux qui s'intéressent à la fois à la cohérence (imposée en particulier par le genre de discours dont relève le texte) et à la cohésion, plus locale. Cette perspective est plus proche de l'analyse du discours (voir p. 137).

Ces deux approches sont légitimes. C'est en effet la nature même de ce qu'on appelle un texte qui est ambiguë. Un texte, c'est en effet un réseau de relations internes entre des unités linguistiques. Mais c'est également un fait culturel, contraint par un ensemble spécifique de normes relatives à une société donnée : à chaque société correspondent tels ou tels genres de discours. En fonction de ses objectifs, le linguiste mettra l'accent sur telle ou telle de ces deux faces de la textualité.

Conclusion

Nous avons distingué divers ensembles de phénomènes, qui correspondent à autant de domaines de la linguistique. Les linguistes s'accordent à peu près sur leur existence, mais leur répartition entre autant de *composants* de la langue ne va pas de soi. C'est déjà une hypothèse très forte que de déclarer que ces divers ensembles de phénomènes sont autant de composants distincts, de petits systèmes dont la mise en relation permet d'analyser le système plus vaste qu'est la langue : sont-ils régis par les mêmes principes ? en est-il un qui domine les autres ? interviennent-ils selon un ordre déterminé ?... Y a-t-il une frontière entre morphologie et syntaxe ? entre syntaxe et sémantique ? entre sémantique et pragmatique ? Faut-il distinguer phénomènes énonciatifs et pragmatiques ? Chaque école linguistique se caractérise par la manière dont elle répond à ce type de question.

Certains linguistes ont ainsi une conception « géométrique » du langage, ils le considèrent avant tout comme un réseau de relations entre des catégories situées dans des lieux déterminés d'une structure syntaxique. En revanche, pour d'autres, c'est la sémantique qui serait le composant essentiel. D'autres enfin considèrent que l'énonciation commande l'ensemble de l'organisation du langage (voir p. 126). Une chose est sûre, la tendance est aujourd'hui à élaborer des modèles *dynamiques* et à faire la part de l'*instabilité* fondamentale des catégories, des relations et des interprétations des énoncés.

7

La linguistique diachronique

Nous avons distingué (voir p. 23) deux versants indissociables de la recherche linguistique : linguistique *générale* et linguistique *descriptive*, cette dernière étant tournée vers l'étude des langues particulières. Mais il faut aussi prendre en compte la dimension temporelle des langues, qui sont des réalités foncièrement historiques, en transformation constante. La linguistique du XIXe siècle s'est essentiellement intéressée à cet aspect (voir p. 14) ; au début du XXe siècle s'est imposée une distinction fondamentale entre perspectives **synchronique** et **diachronique**, deux termes introduits par F. de Saussure (*Cours de linguistique générale*, chap. III). Une langue peut en effet être étudiée de deux points de vue : à un moment donné de son histoire (point de vue *synchronique*), ou à travers son évolution (point de vue *diachronique*). D'ailleurs, en règle générale les locuteurs n'ont aucune connaissance de l'histoire de la langue qu'ils parlent : « Il est évident que l'aspect synchronique prime l'autre, puisque pour la masse parlante il est la vraie et la seule réalité », souligne Saussure. Mais il s'agit de deux points de vue *complémentaires* et inséparables sur la langue, et non de deux approches linguistiques dissociées.

Synchronie et diachronie

La diachronie dans la synchronie

L'étude de la langue en synchronie ne peut pas, de toute façon, ignorer la perspective diachronique. Une langue considérée dans une synchronie donnée est en fait un système hétérogène où coexistent diverses strates temporelles, ne serait-ce que parce que tous les locuteurs n'ont pas le même âge. On y trouve inévitablement des mots ou des constructions nouvelles à côté d'autres en régression. Ce phénomène est renforcé quand on a affaire à des langues écrites : l'usage cultivé, grâce à l'écrit, tend à maintenir des formes qui dans l'usage oral courant sont peu ou pas usitées. La langue écrite évolue plus lentement que la langue orale familière. À l'opposé, ce qu'on appelle de manière impropre l'usage « familier » anticipe bien souvent sur ce qui sera la forme dominante ultérieure : on prononce aujourd'hui *oua* ce qui s'écrit *oi*, mais cette prononciation a longtemps été jugée populaire, les élites préférant prononcer *oué* jusqu'au début du XIXe siècle. Les langues romanes actuelles (espagnol, français, italien…) ne sont pas issues du latin littéraire de Cicéron mais du « latin vulgaire », c'est-à-dire d'usages jugés fautifs qui ont coexisté avec les formes « correctes ».

Le découpage des synchronies

La délimitation même d'une synchronie est une tâche très délicate, car rien dans la langue n'impose d'opérer un découpage à tel moment plutôt qu'à tel autre : qu'est-ce qui nous permet de dire que le français de 1820 appartient à une autre synchronie que celui de 1870 ? On a affaire à un continuum dans lequel ce sont les chercheurs qui distinguent différentes périodes en fonction de divers facteurs. Cela dépend aussi des phénomènes étudiés et de ce que l'on cherche, car l'évolution ne se fait pas à la même vitesse pour tous les plans de la langue :

– Une part importante du lexique est très sensible aux changements qui interviennent dans la société, qu'il s'agisse de créer ou d'emprunter des mots nouveaux ou de donner de nouvelles significations à des mots existants. On sait que les dictionnaires d'usage (en particulier le *Petit Larousse* et le *Petit Robert*) sont obligés de publier une nouvelle édition chaque année, pour éliminer les mots désuets et intégrer des mots nouveaux.

– En revanche, la syntaxe et la morphologie évoluent à un rythme beaucoup moins rapide, surtout quand la langue est écrite : sauf bouleversements historiques de grande ampleur, on imagine mal les terminaisons du présent ou de l'imparfait de l'indicatif se modifier en quelques décennies.

Mais il peut se produire des transformations globales du système grammatical : ainsi quand on est passé du latin, qui avait des déclinaisons et un ordre libre des mots, aux langues romanes, qui sont dépourvues de déclinaisons et où l'ordre des mots joue un rôle important. Ces bouleversements du système grammatical ne sont pas nécessairement lents et progressifs : des événements historiques importants peuvent jouer un rôle. Par exemple, si un peuple en envahit un autre et que la langue du vainqueur provoque un bouleversement relativement rapide de la langue du vaincu. Mais l'action de la langue du vainqueur peut aussi être indirecte : en imposant sa langue comme langue officielle, il convertit la langue du vaincu en un ensemble d'usages peu prestigieux, et donc peu contrôlés, ce qui facilite sa fragmentation et accélère son évolution. À l'inverse, une évolution peut être ralentie par un changement de statut d'une langue : si un dialecte ou un créole (voir p. 148) deviennent des langues officielles et sont enseignées, leurs formes vont avoir tendance à se stabiliser.

Le changement linguistique

Une cause interne au système ?

La linguistique diachronique, ou linguistique historique, se donne pour tâche de décrire et d'expliquer le **changement** linguistique : d'où provient une innovation ? pourquoi et comment s'impose-t-elle ? est-ce pour des raisons internes au système de la langue ou pour des raisons sociologiques qu'une langue change ? A. Martinet (*Économie des changements phonétiques*, 1955) a défendu la thèse que l'évolution phonologique d'une langue ne se faisait pas de manière aléatoire, mais s'expliquait par la nécessité pour le système de la langue de trouver une stabilité optimale, en réduisant ses déséquilibres. D'autres linguistes préfèrent mettre l'accent sur des mécanismes sociaux : par exemple un groupe peut imiter la prononciation d'un autre, jugée plus prestigieuse. Il est évident que les deux types de causalité (interne au système et sociale) jouent un rôle et interagissent, mais il est très difficile de décrire dans toute leur complexité de tels processus.

Deux tendances contraires

Pour expliquer le changement linguistique, en particulier dans le domaine de la phonétique, de la morphologie et de la syntaxe, on invoque souvent **le principe**

du moindre effort, que nous avons déjà mentionné (voir p. 76).

En phonétique, par exemple, les locuteurs ont tendance à éliminer les phonèmes qui ne servent pas à distinguer beaucoup de mots : en français, aujourd'hui, la différence entre les voyelles de « brun » et de « brin », ou entre celles de « pâte » et de « patte » n'est pas maintenue par la plupart des locuteurs, qui produisent ainsi un effort moindre. De même, les locuteurs ont tendance à simplifier les constructions syntaxiques compliquées. Par exemple en français, à l'oral les relatives en « dont » ou « lequel » se voient constamment préférer celles en « que » : les locuteurs diront « le garçon que je t'ai parlé… », « le livre que je pense… », plutôt que « le garçon dont j'ai parlé… » et « le livre auquel je pense… ».

Cette tendance au moindre effort de la part du locuteur est néanmoins contrebalancée par une autre, celle qui pousse à ne pas compromettre la compréhension, c'est-à-dire le moindre effort de l'auditeur. De là une tendance à maintenir des différences entre les formes : si en français les voyelles de « blanc » et celle de « blond », de « lent » et de « long », etc., se confondaient, on perdrait la distinction entre de nombreux mots. En revanche, si la voyelle de « brin » et celle de « brun » sont aujourd'hui largement confondues dans l'usage c'est parce que cette simplification ne compromet pas la communication. L'opposition phonologique entre les voyelles transcrites par les graphies *in* et *un* a en effet ce qu'on appelle un **rendement** faible, car il n'y a que peu de mots qui sont distingués grâce à cette opposition. Pour évaluer le rendement d'une opposition phonologique, on doit tenir aussi compte de la fréquence des mots que cette opposition permet de distinguer, ainsi que de leur classe morphosyntaxique : si deux sons phonétiquement proches jouent un rôle morphologique important (s'ils servent par exemple à distinguer le singulier et le pluriel), ils auront moins tendance à se confondre.

Les familles de langues

Langues mères et langues filles

Un des objectifs que s'assigne la linguistique diachronique est de classer les langues en **familles** : une langue est dite « fille » d'une autre si elle résulte de sa transformation progressive. On peut donc dire que le roumain, l'italien ou le catalan sont des langues *filles* du latin. Le même processus peut alors se déclencher à nouveau, la langue fille peut à son tour devenir « mère » d'une autre langue. Mais cette métaphore de la filiation ne doit pas être prise au pied de la lettre, car en fait on ne passe pas d'une langue à une autre : c'est un seul et même système linguistique qui évolue en se diversifiant insensiblement.

Dans ces conditions, il est extrêmement difficile de dire quand une langue fille se sépare de la langue mère. Dans la mesure où il n'y a pas de critère sûr pour déterminer à partir de quand on a affaire à deux langues distinctes, c'est une question idéologiquement très lourde de conséquence. Pour un Grec moderne, c'est une décision qui n'a rien d'innocent que de décider si le grec qu'il parle est ou non la « même » langue que le grec ancien. Si l'on considère l'histoire de la langue française, le fameux texte des *Serments de Strasbourg* (842) – qui consigne les serments échangés par les soldats de Louis le Germanique et de Charles le Chauve, deux des fils de Charlemagne – constitue le premier texte officiel qui reconnaît que le gallo-roman parlé par Charles le Chauve et ses soldats n'est pas du latin, mais une langue distincte, qui reçoit par là un statut politique nouveau. Il est évident que c'est là un acte politique, et non la conséquence d'une expertise linguistique.

En outre, une langue n'évolue pas en milieu clos : elle subit aussi l'influence d'autres langues que celle dont elle se différencie progressivement. Le cas des **créoles** est significatif. Le français parlé par les esclaves noirs aux Antilles ou en Louisiane a donné naissance à des langues qui ont vraisemblablement été influencées par les langues africaines parlées par ces esclaves (voir p. 148).

Point de vue génétique et point de vue typologique

En matière de classement des langues, le point de vue **génétique** – c'est-à-dire qui prend en compte l'origine des langues – ne coïncide pas nécessairement avec le point de vue **typologique** (voir p. 77), qui est synchronique : deux langues peuvent fort bien être apparentées (par exemple, l'une étant « fille » de l'autre, ou toutes les deux étant filles d'une même langue mère) et présenter pourtant moins de ressemblances que des langues non apparentées. C'est ainsi que le français a beau être issu du latin, son organisation grammaticale est très différente : il s'agit d'une langue plutôt *analytique* sans déclinaison, alors que le latin est plutôt *flexionnel*, les noms et les adjectifs se déclinant en six cas (nominatif, vocatif, génitif, datif, ablatif, accusatif).

Des familles de plus en plus vastes

On s'efforce de regrouper les langues du monde en quelques **grandes familles**, comme la famille *indo-européenne* (voir p. 14), ou la famille *chamito-sémitique*, qui regroupe l'hébreu, l'arabe, l'éthiopien, le copte, le berbère et les langues de la Corne orientale de l'Afrique.

Dès qu'on a identifié une famille, on essaie de l'intégrer dans une famille plus étendue : ainsi, après avoir regroupé le finnois, le hongrois, le lapon, l'estonien dans la famille *finno-ougrienne*, certains linguistes les ont intégrés dans une famille plus vaste, dite *ouralienne*, avec les langues samoyèdes de l'ex-URSS. On a ensuite essayé d'inclure ce groupe dans une famille encore plus large, dite *ouralo-altaïque*, comprenant aussi les langues turques, mongoles et toungouzes. Mais il est évident que plus on regroupe les langues, et plus les indices de parenté deviennent fragiles, surtout en l'absence de documents écrits.

On signalera le problème que pose une langue comme le basque, parlé en France et en Espagne, qu'on ne peut intégrer avec certitude dans aucune famille de langue connue. Seule langue non indo-européenne de l'Europe occidentale, on a cherché à le rattacher à diverses familles de langues, en particulier à la famille finno-ougrienne ou à la famille caucasienne (en particulier au géorgien).

L'origine du langage

Toutes ces recherches historiques débouchent inévitablement sur la question de l'**origine du langage**. Y a-t-il eu à l'origine une seule langue dont seraient dérivées toutes les autres (hypothèse de la **monogenèse**) ou a-t-on inventé de manière indépendante plusieurs langues (**polygenèse**) ? Comment et quand est-on passé de la communication animale au langage humain ? Quelle forme ce dernier avait-il primitivement ? A-t-il existé un langage gestuel avant le langage articulé ? L'homme a-t-il d'abord imité les bruits de la nature ? Dans le film *La Guerre du feu* de J.-J. Annaud, on voit les premiers *Homo sapiens sapiens* s'exprimer à travers un code qui mêle gestes et signes vocaux ; mais il s'agit là d'un langage déjà très élaboré. Ces questions et d'autres n'ont cessé de passionner les chercheurs et ont suscité les hypothèses les plus extravagantes, surtout au XVIIIe et au XIXe siècle. Au point que la linguistique moderne a longtemps jeté un discrédit sur ce type de recherche. En 1866, la Société de linguistique de Paris avait même décidé de refuser toutes les communications portant sur ce sujet... Une chose est sûre, les langues des peuples dits « primitifs » ne permettent pas d'imaginer l'origine du langage : elles présentent une grande diversité de types et sont aussi complexes que celles des peuples dits « civilisés ». Les traces écrites ne permettent pas d'aller au-delà de quelques millénaires, alors que le langage est apparu bien avant.

C'est typiquement un problème *anthropologique*, et d'une rare complexité, qui s'appuie sur des hypothèses nécessairement hasardeuses quant au développement des hominidés. Pour qu'il y ait langage, il a en effet fallu que les hommes disposent d'un appareil phonatoire – en particulier une certaine organisation du larynx – qui leur permette de produire consonnes et voyelles, c'est-à-dire du langage articulé. Si l'on excepte les cordes vocales, les organes qui servent à la phonation (dents, palais, lèvres...) ne sont pas originellement destinés à la parole et accomplissent d'autres fonctions. Il a aussi fallu que l'homme dispose d'un cerveau suffisamment évolué pour qu'une zone spécialisée, l'aire de Broca, puisse se développer. À cela s'ajoutent aussi un certain nombre de conditions sociales, en particulier un mode d'existence qui exige des formes de coopération élaborées entre les membres du groupe. C'est ainsi qu'on a de bonnes raisons de penser que le développement des techniques, d'outils, est allé de pair avec le développement du langage. Étant donné que ces divers ordres de facteurs ont nécessairement interagi et que cette évolution a dû s'étaler sur de très longues périodes, on comprend que ce soit un champ d'étude en renouvellement permanent.

Les méthodes de reconstruction

La question de l'origine du langage est d'un tout autre ordre que les problèmes que cherche à résoudre la linguistique historique. C'est quand il existe des traces écrites datées et bien réparties dans le temps que l'on peut véritablement suivre l'évolution des langues, leur divergence à partir d'une même source. Le cas de figure quasiment idéal est celui que représentent les langues romanes, pour lesquelles on connaît la langue « mère » (le latin) et le détail de l'évolution de chacune des langues « filles ». Mais c'est là un cas exceptionnel. Quand on ne dispose pas de documents écrits étalés dans le temps, on en est réduit aux hypothèses. La prudence s'impose, d'autant plus que le constat d'une similitude entre deux langues n'implique pas que ces langues aient une origine commune ; la similitude peut résulter d'**emprunts** massifs d'une langue à une autre.

La méthode comparative

L'établissement d'une parenté entre diverses langues ne se fait pas par la simple intuition, mais par la **méthode comparative**, qui a été mise au point en étudiant la famille des langues indo-européennes. La logique de cette démarche est, en repérant des similitudes entre des langues et en faisant l'hypothèse que ces langues ont une origine commune, d'essayer de reconstruire leur langue mère.

Études philologiques et dialectologiques

Ces recherches du XIXe siècle s'inscrivaient dans un contexte plus vaste, celui des **études philologiques**, qui s'efforçaient d'analyser les textes légués par le passé en les mettant en relation avec les civilisations dans lesquelles ils étaient apparus. Cela donna lieu en particulier à une intense activité d'édition critique des manuscrits médiévaux. En même temps, l'intérêt romantique pour les cultures populaires européennes, jugées authentiques, a favorisé le développement des études du folklore – les contes en particulier – et des dialectes. Sont donc également associées à ce courant de grammaire historique les recherches en **dialectologie**, qui ne portaient pas nécessairement sur des états de langue anciens mais sur les parlers ruraux alors contemporains. C'est un domaine qui allait déboucher par la suite sur la constitution de la sociolinguistique actuelle (voir p. 145).

Mais cela n'a pas manqué de susciter une tension entre la quête des origines à travers l'étude des textes anciens et l'intérêt pour les évolutions récentes des langues, bien attestées, telles que peuvent les étudier les dialectologues. Dans le premier cas la langue donne accès à une civilisation lointaine, dans le second cas les linguistes privilégient le fonctionnement des langues, sans se préoccuper particulièrement du passé.

Les lois phonétiques

Les méthodes mises en œuvre par la grammaire comparée ont eu une importance décisive dans la constitution de la linguistique moderne. Comparer des langues dont les formes superficielles sont très différentes, de façon à faire apparaître des invariants cachés, des similitudes structurelles, cela implique que l'on aille au-delà des données linguistiques immédiates. C'est aussi et surtout introduire une notion capitale, celle de **loi phonétique**, qui permet de formuler la règle de passage d'une langue à l'autre. Par exemple, on a constaté qu'en certaines positions les langues germaniques ont un *f* là où le grec, le sanskrit ou le latin avaient un *p*. C'est ainsi que le nom signifiant « père » correspond à *vater* (le *v* se prononce [*f*] en allemand) ou *father* en anglais, alors qu'on a *pater* en latin ; on a constaté aussi que ces mêmes langues germaniques ont un *t* là où les autres avaient un *d* : par exemple, le gothique (vieil allemand) *taihun*, « dix », s'oppose au latin *decem* ou au grec *déka*. Ce type de constat a amené Jacob Grimm à formuler en 1819, pour ces phénomènes et pour d'autres, une règle de portée générale (dite postérieurement « loi de Grimm ») qui postule qu'il s'est produit une mutation phonétique généralisée à l'époque préhistorique du germanique.

Cette loi, comme toutes celles du même type, repose sur un **principe de constance des changements phonétiques** : il est admis que l'évolution d'un phonème à une période donnée s'opère dans tous les mots de la langue où ce phonème se présente dans les mêmes conditions. Toutefois, des mots peuvent faire exception s'ils ont été empruntés à une autre langue ou si l'analogie a joué (si telle forme d'un verbe, par exemple, n'a pas évolué conformément à la loi phonétique, mais a été alignée sur les autres formes de la conjugaison).

D'autres méthodes

Quand la méthode comparative ne peut s'appliquer, on doit recourir à des démarches plus hasardeuses, car fondées seulement sur l'analyse interne des systèmes linguistiques :

– Si l'on ne dispose pas de plusieurs langues à comparer, ni de documents étalés dans le temps, on doit faire appel à la **reconstruction interne**. On part alors du principe que les états antérieurs d'une langue y ont laissé des traces, sur lesquelles on peut s'appuyer pour concevoir son passé. Les anomalies, les exceptions sont en effet souvent des vestiges d'états plus anciens. Mais, pour que cette méthode fonctionne, il faut déjà disposer d'une connaissance précise des modes de fonctionnement et d'évolution habituels des langues.

– Pour déterminer à quel moment ont pu diverger d'un hypothétique ancêtre commun des langues qui semblent apparentées, mais dont on ne connaît pas les états antérieurs, certains recourent à la **glottochronologie**. Partant du principe que le vocabulaire de base d'une langue se renouvelle dans une proportion régulière, en étudiant les mots communs à ces langues on cherche à inférer depuis combien de temps elles sont séparées. Cette dernière approche ne peut donner que des résultats incertains.

8
Le structuralisme linguistique

Les recherches en grammaire comparée ont largement dominé les études linguistiques du XIXe siècle. En traitant la langue comme un objet physique soumis à des lois d'évolution phonétique, elles ont eu tendance à négliger la dimension psychologique et sociale du langage et à privilégier les documents écrits. À la fin du XIXe siècle, cette démarche a subi une remise en cause menant au développement du **structuralisme linguistique**, qui a dominé les débuts de la linguistique moderne. L'approche structuraliste a trouvé en Europe sa formulation la plus remarquable chez le Genevois Ferdinand de Saussure (1857-1913). Son ouvrage majeur, le *Cours de linguistique générale* (1916), en fait, n'a pas été publié ni même écrit par lui, mais a été rédigé après sa mort à partir des notes de cours de ses étudiants. La linguistique structurale qu'il a largement contribué à promouvoir appartient maintenant à l'histoire de la linguistique, mais son rôle a été déterminant, dans la mesure où elle a défini rigoureusement son cadre épistémologique et mis en place un certain nombre de distinctions fondatrices.

Ferdinand de Saussure

Langage, langue, parole

Contre la réduction de la langue à un matériau soumis à des lois d'évolution phonétique, Saussure souligne que les langues sont des **institutions**, un « trésor » commun aux membres d'une société qui permet la compréhension réciproque. Sur ce point il est largement influencé par la sociologie naissante, en particulier la pensée d'Émile Durkheim. Ce sont les échanges incessants entre membres de la même communauté linguistique qui assurent sa stabilité. Ainsi, au lieu de se tourner exclusivement vers l'étude historique (qu'il nomme **diachronique**), de polariser la recherche sur une lointaine et hypothétique langue mère, il considère avant tout la langue en **synchronie**, c'est-à-dire dans le présent de son usage effectif.

Saussure cherche à définir un objet propre à la linguistique ; pour cela il distingue **langue** et **langage**. L'étude du « langage » n'est pas réservée à la linguistique : elle concerne tout aussi bien les sociologues, les physiologistes, les psychologues, etc. En revanche, c'est ce qu'il appelle la « langue » qui constitue l'objet spécifique du linguiste, c'est-à-dire *le système envisagé en lui-même et pour lui-même*. Il s'agit en effet d'un système **arbitraire**, qui a son ordre propre, qui ne s'explique que par lui-même.

Au système de la « langue » il oppose ce qu'il appelle la **parole** (écrite ou orale), c'est-à-dire à l'ensemble virtuellement infini des énoncés particuliers, toujours nouveaux, que la « langue » rend possibles. Pour clarifier les choses, on pourrait dire que la « langue » est à la « parole » ce que la partition d'une symphonie est à la diversité infinie des exécutions de cette symphonie ; avec cette différence toutefois que la partition reste la même, en dépit des exécutions, alors que la « langue » est constamment modifiée par la « parole », le plus souvent à l'insu des locuteurs. La « parole » est en un sens à la fois en amont et en aval de la « langue » ; en effet, pour accéder à la « langue », le linguiste ne dispose pas d'autres données que les « paroles », mais, d'un point de vue logique, cette « langue » doit être antérieure à ces « paroles », puisque le système précède nécessairement les énoncés qu'il rend possibles.

Saussure appelle au développement de deux branches de la linguistique : la **linguistique de la langue** et la **linguistique de la parole**. Mais ses efforts et ceux de ses principaux successeurs ont surtout porté sur la première. C'est seulement avec le développement récent d'une linguistique du discours (voir chap. 10) qu'il s'est produit un rééquilibrage entre les deux branches.

La langue comme système de signes

Le système linguistique, la « langue », est pour Saussure essentiellement un **système de signes**. Le linguiste n'a pas pour tâche d'étudier le **référent**, c'est-à-dire les objets hors de la langue que désignent les signes. Le signe linguistique y est défini comme une entité à deux faces indissociables, le **signifiant** (la perception d'un segment sonore) et le **signifié** (un sens). La « langue » est conçue par Saussure comme un système de **différences** entre signes : « Un signe est d'abord ce que les autres signes ne sont pas. » Le sens d'un signe n'est pas en correspondance terme à terme avec le monde, il est en fait subordonné à ce que Saussure, usant d'une métaphore économique, appelle « la **valeur** », définie comme l'ensemble des relations qu'entretient un signe avec les autres signes du système. Les locuteurs ont l'illusion que chaque signe constitue une entité autonome, mais c'est en réalité le système qui articule, découpe les unités de manière **arbitraire**.

Tout signe se trouve à l'intersection de deux axes, l'axe des substitutions (qui sera appelé plus tard **axe paradigmatique**) et l'axe des combinaisons (ou axe **syntagmatique**). Dans l'énoncé « Le chien revient » l'unité « chien » par exemple s'oppose sur l'axe paradigmatique aux unités qui pourraient figurer à sa place, qu'il exclut (« chat », « homme », « soldat », etc.), alors que sur l'axe syntagmatique il se combine avec « le » et « revient ».

Structuralisme et distributionnalisme

Saussure ne se voulait pas le fondateur d'un courant qui se serait appelé « structuralisme », mais il l'a beaucoup influencé. C'est rétrospectivement qu'il est apparu comme fondateur. Sa pensée, par sa complexité, dépasse largement le cadre du structuralisme, entendu comme un mouvement scientifique essentiellement européen qui s'est développé pendant l'entre-deux-guerres. Ses figures de proue sont les Russes N. S. Troubestkoï (1890-1938) et R. Jakobson (1896-1982), mais aussi le Danois L. Hjelmslev (1899-1965).

Le structuralisme, si on le ramène à quelques principes élémentaires, envisage la langue avant tout comme un *système de signes*, une *structure* qui doit préserver l'identité de ses unités et dont la fonction majeure est de *communiquer des informations* de la manière la plus *économique* possible. Cette fonction est censée expliquer pour l'essentiel la structure de la langue.

Les unités distinctives

La recherche linguistique se focalise ainsi sur l'inventaire des unités **pertinentes** (ou **distinctives**) du système. Est considérée comme « distinctive » toute unité dont la substitution par une autre provoque une différence de sens (test de **commutation**) : par exemple, en français la consonne *t* peut « commuter » avec la consonne *f* dans le contexte *-our*, comme le montre le fait que « tour » et « four », par exemple, sont deux signes distincts. Ce principe se retrouve aux divers **niveaux** de la structure linguistique : les phonèmes, les mots, les groupes syntaxiques entretiennent des relations paradigmatiques et des relations syntagmatiques. La phrase constitue l'unité de niveau la plus élevée.

La phonologie

Le structuralisme linguistique est inséparable du développement de la **phonologie** (voir p. 73), qui constitue pour lui un domaine privilégié. C'est le linguiste russe N. S. Troubetskoï (*Principes de phonologie*, 1939) qui est le représentant le plus éminent de cette phonologie structurale, considérée comme une science linguistique, à la différence de la **phonétique**, qui étudie les sons dans leur substance matérielle, comme objets physiques. Cette phonologie prend pour objet les **phonèmes**, les sons qui ont une valeur distinctive dans une langue donnée.

Le distributionnalisme

En Amérique du Nord, la linguistique a eu une histoire quelque peu différente. Elle a été très marquée par les recherches *anthropologiques*, du fait de la nécessité de décrire les très nombreuses langues amérindiennes. On citera en particulier le nom d'Edward Sapir (*Introduction to the Study of Language*, 1921). À la différence des langues étudiées en Europe, qui sont (à l'exception du basque) indo-européennes, les langues des Indiens d'Amérique ne pouvaient pas être analysées avec les catégories grammaticales qui étaient familières depuis l'Antiquité grecque.

Avec des chercheurs comme L. Bloomfield (*Language*, 1933) et Z. S. Harris (*Methods in Structural Linguistics*, 1951), le structuralisme s'est infléchi en **distributionnalisme**, qui a des points communs avec le structuralisme européen, mais qui constitue un courant original. Le projet des distributionnalistes était de définir les unités non par leur contenu (par exemple en disant qu'un verbe « exprime une action »), mais par leur seul comportement à l'égard d'autres unités. Les unités sont définies comme pertinentes sur la seule base de leurs **distributions**, c'est-à-dire de l'ensemble de leurs **environnements**. Par « environnement » d'une unité linguistique il faut entendre les unités qui peuvent figurer à sa gauche et/ou à sa droite dans les phrases grammaticales. Ainsi peut-on définir un adjectif qualificatif comme une unité qui peut figurer à droite ou à gauche d'un nom, après un verbe comme « être », un adverbe comme « très », etc.

Ce distributionalisme a très largement dominé la linguistique américaine jusqu'à la fin des années 1950. Il a été fortement influencé par les théories psychologiques « béhavioristes », qui font du comportement observable l'objet même de la psychologie, l'environnement étant l'élément clé de la détermination et de l'explication des conduites humaines. Les béhavioristes se refusent à faire appel à des éléments internes à la vie mentale, qui sont jugés inaccessibles pour un observateur extérieur.

L. Bloomfield, récusant ainsi tout « mentalisme », considère que le langage, comme n'importe quel comportement, peut être analysé comme des régularités qui sont explicables par leurs conditions externes d'apparition.

Le structuralisme linguistique a dominé la recherche linguistique jusqu'à la fin des années 1950. À partir des années 1960, contesté par le développement de la « grammaire générative » (voir p. 119) et des courants pragmatiques (voir p. 129), il a vite décliné. On lui a reproché en particulier d'appauvrir les propriétés des langues naturelles en réduisant la langue à un système de différences entre *signes*, mais aussi de n'avoir pu élaborer une véritable syntaxe, et encore moins une théorie de l'activité linguistique, à la fois comme production et comme interprétation. On a également souligné les insuffisances de sa conception « immanentiste » du système linguistique : étudier la langue « en elle-même et pour elle-même », à l'exclusion de toute autre considération que les relations entre les unités, c'est exclure du champ de la linguistique le sujet d'énonciation et le contexte, et donc s'interdire de traiter un grand nombre de phénomènes linguistiques.

Au-delà de ces critiques, le moment structuraliste de la linguistique moderne se caractérise avant tout par la volonté de définir une linguistique *autonome* ; c'est le sens du geste de Saussure, séparant « langage » et « langue », pour réserver la seconde à la linguistique. Par la suite, les linguistes vont mettre davantage l'accent sur la nécessité d'une collaboration plus étroite avec d'autres disciplines. Mais, paradoxalement, c'est au moment où il est fortement contesté à l'intérieur par les linguistes que le structuralisme linguistique va servir en quelque sorte de caution à un mouvement à la fois scientifique et philosophique, le « structuralisme » des années 1960, qui a dominé les sciences humaines et sociales pendant une dizaine d'années.

9

Après le structuralisme : les modèles contemporains

La grammaire générative

La **grammaire générative** développée par le linguiste américain Noam Chomsky à partir de la seconde moitié des années 1950 (*Structures syntaxiques*, 1957) a mis en évidence les limites des courants structuralistes. L'entreprise de Chomsky a eu une double portée : non seulement elle a imposé une conception différente de la langue, mais encore elle a introduit un nouveau mode de validation des modèles linguistiques, fondé sur des hypothèses et des argumentations.

La compétence linguistique

La conception du langage que défend Chomsky est très différente de celle des structuralistes. À l'opposition entre *langue* et *parole* établie par Saussure Chomsky substitue le couple **compétence** et **performance**. La « compétence » n'est pas, comme la « langue » chez Saussure, un système de *signes* stockés dans la mémoire d'une *communauté* linguistique, mais un système de *règles* permettant à un **locuteur-auditeur idéal** de produire et d'interpréter un nombre infini de *phrases* de sa langue qu'il n'a jamais entendues auparavant. Cette conception du langage s'appuie sur l'idée qu'avant l'âge de 5 ans les enfants sont capables, sans qu'on leur ait enseigné la grammaire, de produire et d'interpréter des phrases de leur langue maternelle qu'ils n'ont jamais rencontrées auparavant. C'est ce pouvoir d'outrepasser le donné que Chomsky appelle la **créativité** linguistique. Le linguiste doit rendre compte de l'**intuition linguistique** du « locuteur-auditeur idéal » d'une langue, à savoir de sa capacité à dire d'une phrase si elle est ou non grammaticale (voir p. 65), si elle est ou non conforme au système de la langue qu'il parle. Pour Chomsky la compétence qui fonde cette intuition possède un substrat biologique : il existerait dans le cerveau une faculté de langage, innée, une **grammaire universelle** ou **langue interne** qui serait activée quand le petit enfant apprend une langue particulière.

Une grammaire générative

La linguistique doit se faire **générative**, c'est-à-dire construire un modèle de la « compétence » qui *engendre*, ou énumère explicitement, *toutes les phrases grammaticales et rien que les phrases grammaticales* d'une langue donnée. Là où le structuralisme s'appuyait essentiellement sur la phonologie, champ d'exercice privilégié pour le test de commutation, la grammaire générative accorde un rôle prépondérant à la syntaxe, plaçant la phrase au centre de la grammaire. Jusqu'aux années 1970 le générativisme a utilisé un formalisme qui faisait massivement appel à des opérations de **transformation** de structures de phrases, dites **profondes**, en d'autres structures de phrases, dites **structures de surface** (par exemple la transformation d'une structure active en structure passive). Progressivement, les transformations ont été abandonnées au profit de modélisations de plus en plus abstraites, de plus en plus éloignées des structures immédiatement perceptibles. On a fait appel, par exemple, à des **catégories vides**, c'est-à-dire à des unités qui jouent un rôle syntaxique sans avoir de manifestation phonétique, sans être perceptibles à l'oreille.

La falsifiabilité

La méthodologie structuraliste visait à dégager les unités de la langue qui sont « pertinentes », qui permettent de distinguer entre eux des signes. La grammaire générative, elle, a imposé une démarche fondée sur l'**argumentation**, qui s'inscrit dans la conception des sciences empiriques défendue par K. Popper. Selon lui une assertion scientifique n'est pas une assertion dont on peut démontrer qu'elle est vraie, mais une assertion dont on peut démontrer qu'elle est fausse, qui est « falsifiable », c'est-à-dire qui peut indiquer elle-même les contre-exemples qui pourraient l'invalider. Après avoir établi un certain nombre de données (telles phrases sont grammaticales et telles autres ne le sont pas), le linguiste construit une hypothèse qui permet de rendre compte de ces données (en fait, l'hypothèse ainsi formulée ne s'appuie pas sur rien : elle dépend du cadre théorique à l'intérieur duquel le chercheur travaille). L'hypothèse ainsi élaborée doit permettre de *prédire* un certain nombre de conséquences sur des faits linguistiques *indépendants* d'elle ; si ces prédictions s'avèrent exactes, l'hypothèse peut être considérée comme valide ; sinon il faut la reformuler. Le point délicat, c'est évidemment que les « faits » linguistiques sont en partie découpés en fonction du modèle du chercheur ; ce qui n'est pas sans danger.

Prenons un exemple élémentaire. Une phrase comme (1) « Paul semble dormir à poings fermés » paraît avoir la même construction que la phrase (2) « Paul veut dormir à poings fermés ». En fait, une analyse plus attentive des propriétés syntaxiques de ces deux phrases montre qu'il n'en est rien : en particulier, dans (1) « dormir » peut être remplacé par un adjectif, mais pas en (2). Une manière de traiter cette difficulté, de montrer que (1) et (2) sont des constructions différentes, serait de faire l'hypothèse qu'en « structure profonde » la phrase (1) a une construction comparable à des phrases à sujet impersonnel comme « Il semble que Paul dorme ». Sa structure profonde serait donc, très grossièrement, quelque chose comme « (…) semble Paul dormir », où la position du sujet – marquée ici par des parenthèses – serait vide. Resterait alors à justifier l'opération par laquelle « Paul », le sujet de « dormir », *monte* dans la position vide du sujet de « semble ». Pour valider cette hypothèse d'une « montée du sujet », on doit pouvoir prédire et vérifier certaines de ces conséquences. L'une d'elles serait par exemple que dans des phrases du type de (1) le sujet est contraint par le verbe à l'infinitif et non par « sembler » : on n'aura donc pas de phrases comme « La feuille semble dormir à poings fermés » si on n'a pas « Il semble que la feuille dorme à poings fermés ». Cette prédiction se vérifie aisément ; mais il faut d'autres prédictions pour étayer solidement une telle hypothèse. La difficulté est que cette dernière n'est valide que si on accepte certains postulats. Par exemple, quelqu'un pourrait objecter qu'il n'y a pas besoin de faire monter le sujet de l'infinitif, qu'il suffit de dire que « Paul » en (1) est le sujet à la fois de « semble » et de « dormir », ou encore que « semble » n'est qu'un verbe auxiliaire, etc. On le voit, les discussions deviennent rapidement très complexes.

L'évolution de la grammaire générative

Après 1957, date de la parution de *Structures syntaxiques*, la grammaire générative est passée par diverses phases, ce qui est logique pour un modèle qui se présente comme réfutable. N. Chomsky prenait périodiquement la décision de le faire évoluer, en fonction des objections de ses contradicteurs.

– La théorie dite **« standard »** correspondait au modèle présenté par Chomsky dans son livre *Aspects de la théorie syntaxique* (1965). Elle était centrée sur la distinction entre « structure de surface » et « structure profonde », reliées par des transformations.

– La **« théorie « standard étendue »** a été formulée à la fin des années 1960 et au début des années 1970. Elle se caractérisait par de fortes contraintes sur les transformations et sur le développement de la théorie dite « X-barre », qui postulait que les catégories majeures de la syntaxe (groupe nominal, groupe verbal, groupe adjectival, groupe prépositionnel) étaient structurées de la même manière.

– La théorie du **« gouvernement et du liage »** (*Government and Binding*) (1981-1986), développée en particulier dans l'ouvrage *Lectures on Government and Binding* (1981), reléguait au second plan les transformations et mettait l'accent sur les relations de dépendance entre les éléments d'une même phrase.

– Le **« programme minimaliste »**, élaboré à partir des années 1990, insiste moins sur l'idée qu'il y aurait une grammaire universelle inscrite dans notre cerveau. Il cherche à montrer que les facultés linguistiques dont dispose le cerveau sont les facultés « minimales » auxquelles il est possible de s'attendre, étant donné les conditions extérieures imposées à l'homme. Les règles de grammaire

que l'on observe ne correspondent pas directement à une
« compétence ». En ce qui concerne la modélisation de
la grammaire, son caractère « minimaliste » se traduit en
particulier par le fait que sont éliminées structure profonde et structure de surface. Il ne reste plus que la
représentation du sens (« forme logique ») et la représentation phonologique. La construction des phrases se fait
de manière ascendante et petit à petit en recourant seulement à deux opérations : « assembler » et « déplacer »
les unités.

Les autres théories

Depuis les années 1980 la grammaire générative,
qui a été dominante pendant un quart de siècle, a perdu
beaucoup de son influence. Cela est dû à la fois au développement sans précédent des problématiques liées aux
courants pragmatiques et à la sémantique, mais aussi à la
concurrence de nouveaux formalismes.

De nouveaux formalismes

La grammaire générative s'est imposée à la fin des
années 1950 en montrant que les modèles formels que
construisait le structuralisme pour rendre compte des
propriétés des langues naturelles étaient inadéquats et
qu'il fallait des modèles plus riches, incluant en particulier des règles de « transformation ». Par la suite, elle
s'est trouvée progressivement concurrencée par d'autres
modèles, mais qui ne s'appuyaient pas nécessairement
sur de nouvelles conceptions du langage et de la linguistique. On peut en effet proposer un nouveau formalisme
tout en demeurant dans un cadre théorique proche de
celui de Chomsky. Il existe ainsi des théories dissidentes

de la grammaire générative qui participent d'un courant plus vaste de « linguistique informatique », celui des **grammaires d'unification**, qui depuis les années 1980 empruntent massivement à la logique et à l'Intelligence artificielle. On citera, entre autres formalismes, la « grammaire syntagmatique généralisée » (GPSG) de G. Gadzar, E. Klein, G. Pullum, I. Sag (*Generalized Phrase Structure Grammar*, 1985), et le modèle qui en a été dérivé par C. Pollard et I. Sag, la « grammaire syntagmatique guidée par les têtes » (HPSG) (*Head-Driven Phrase Structure Grammar*, 1994).

La linguistique cognitive

Depuis la fin des années 1970 se développent des courants linguistiques fondés sur la psychologie cognitive. Au lieu d'envisager le langage comme une structure autonome, ils s'efforcent de l'inscrire dans nos facultés cognitives générales, en s'appuyant en particulier sur *les théories de la perception*. Ce type de recherche est lié au postulat selon lequel existe un niveau « conceptuel » de représentation mentale où il n'y aurait pas de distinction entre les structures linguistiques et sensori-motrices. Ce type de démarche conteste nettement l'autonomie de la langue à l'égard des catégories psychologiques et l'indépendance de la syntaxe à l'égard du sens. C'est d'ailleurs sur la *sémantique* que les linguistes cognitivistes font porter l'essentiel de leur effort. Mais cet effort porte aussi sur la définition des catégories syntaxiques : par exemple la distinction entre nom et adjectif, ou des phénomènes comme la métaphore, l'aspect ou l'organisation linguistique de la spatialité. Dans ce courant de recherches on citera les textes fondateurs de G. Lakoff (*Categories and Cognitive Models*, 1982) et de R. Langacker (*Foundations of Cognitive Grammar*, 1987).

La linguistique de l'énonciation

En Europe, particulièrement en France, s'est développée une **linguistique de l'énonciation** (voir p. 86) qui s'organise autour des traces de son activité que laisse le sujet dans son énoncé. Préfigurée par des linguistes comme Ch. Bally (*Linguistique générale et linguistique française*, 1932), elle a été développée dans les années 1950 et 1960 grâce aux travaux d'Émile Benveniste (*Problèmes de linguistique générale*, 1966).

Le représentant le plus important est A. Culioli, qui a donné un caractère systématique à cette approche (*Pour une linguistique de l'énonciation*, 1990). Tout en soulignant la dimension cognitive du langage, il lui accorde une autonomie relative. Sa théorie associe étroitement syntaxe et sémantique dans l'activité énonciative : on ne sépare pas les opérations de **référenciation** (grâce auxquelles les énoncés renvoient à la réalité extralinguistique) et les opérations de **modalisation** (c'est-à-dire la manière dont le sujet se situe par rapport à ce qu'il est en train de dire et par rapport à son interlocuteur). Prolongeant à certains égards la « psycho-mécanique » du linguiste français Gustave Guillaume (1883-1960), A. Culioli appréhende les énoncés comme la trace d'*opérations mentales* spécifiquement linguistiques, plutôt que comme la combinaison d'unités discrètes. Par exemple, le mot « bien » qu'on trouve dans des énoncés tels que « *Bien* qu'il parte, je reste », « C'est *bien* lui » ou « Il peut *bien* dire ce qu'il veut, je n'irai pas » serait le marqueur d'une même opération très abstraite qui, en interagissant avec celles associées aux autres constituants de la phrase, produirait les significations très variées de « bien ». Ce type d'approche permet d'analyser des faits de langue d'une très grande finesse, dans la mesure où il s'agit de modèles qui accordent une place essentielle au continu et à la dynamique de l'énonciation.

On a souvent tendance à intégrer les théories de l'énonciation linguistique dans les courants pragmatiques (voir p. 129). Les deux problématiques ont pourtant des origines et des visées différentes ; les premières ont en effet été conçues par des linguistes pour analyser des phénomènes linguistiques, tandis que les secondes trouvent plutôt leur source dans la philosophie du langage et la sociologie et s'intéressent avant tout à la communication.

Le rôle de l'informatique

La grammaire générative, dès ses débuts, a été très influencée par la programmation informatique. Les premiers modèles développés par Chomsky s'appuyaient sur le formalisme des règles de réécriture qui était aussi utilisé pour la programmation informatique naissante. Cette influence de l'informatique sur les modélisations des linguistes n'a fait que croître. Aujourd'hui l'informatique ne sert pas seulement à modéliser des fonctionnements linguistiques, elle permet aussi de concevoir et même de faire travailler à l'échelle industrielle des programmes qui produisent et analysent des phrases, qui traduisent d'une langue à l'autre, rédigent des textes, etc. (voir p. 167). On assiste au développement d'une nouvelle discipline, la **linguistique informatique** (on parle aussi de **Traitement automatique du langage** (**TAL**)) qui associe linguistes et informaticiens pour élaborer des modèles des langues naturelles et développer des applications dans toutes sortes de domaines de la vie sociale. Cela n'est pas sans poser des problèmes. En effet, la puissance des ordinateurs actuels permet de donner des solutions efficaces à un certain nombre de problèmes de linguistique, mais ces solutions ne s'appuient pas nécessairement sur une analyse linguistiquement solide des faits de langue correspondants.

10
Pragmatique, interactionnisme, analyse du discours

L'étude du langage, on l'a vu, est animée par une tension permanente entre ceux qui appréhendent le langage comme *système* et ceux qui l'appréhendent comme *discours* (voir p. 26). L'étude du discours est aujourd'hui dominée par les présupposés véhiculés au sein des courants **pragmatiques**, qui se sont surtout développés à partir des années 1960. Ces courants ont fécondé deux champs de recherche particulièrement actifs, celui qui étudie les **interactions conversationnelles** et celui de l'**analyse du discours**.

La pragmatique

Dans son acception la plus immédiate, en linguistique, le domaine de la pragmatique recouvre un ensemble très diversifié de travaux : sur les déictiques (« je », « tu », « ici », « hier »…), sur les interjections, sur les connecteurs (« or », « pourtant », « donc »…), sur les déterminants du nom, sur la politesse, sur les interactions conversationnelles, etc. Au-delà, l'intérêt pour ces phénomènes est lié à une certaine *conception du langage*, et plus généralement de la *communication* humaine. Une telle conception du langage reprend certaines préoccupations de la rhétorique traditionnelle en mettant au premier plan *la force des signes* et le caractère *actif* du langage. Elle insiste aussi sur sa *réflexivité* fondamentale (le fait qu'il réfère au monde en montrant sa propre activité énonciative), son caractère *interactif*, son rapport essentiel à un *cadre* permettant d'interpréter les énoncés, sa dimension *juridique* (l'activité de parole est sous-tendue par un réseau serré de droits et d'obligations pour les partenaires de l'échange).

Les courants pragmatiques

Le terme « pragmatique » lui-même est issu des travaux d'un philosophe et logicien américain, Ch. Morris, qui en 1938 a distingué trois domaines dans l'appréhension de toute langue, qu'elle soit formelle ou naturelle : 1) la **syntaxe**, qui concerne les relations des signes aux autres signes ; 2) la **sémantique**, qui traite de leurs relations avec la réalité ; 3) la **pragmatique**, qui s'intéresse aux relations des signes avec leurs utilisateurs, à leur emploi et à leurs effets.

Mais la pragmatique ne constitue pas une discipline homogène. Il s'agit plutôt d'un espace où se croisent divers courants. On évoquera en particulier :

– la théorie des *actes de langage*, issue des recherches du philosophe anglais J. L. Austin, prolongée par J. R. Searle, sur la dimension « illocutoire » du langage, sur ce que l'on *fait* en parlant (voir p. 131) ;

– l'étude des *inférences* que tirent les participants d'une interaction (H. P. Grice, D. Sperber et D. Wilson) (voir p. 132) ;

– les travaux sur l'*énonciation linguistique* qui se sont développés en Europe avec C. Bally, R. Jakobson, É. Benveniste, A. Culioli (voir p. 86) ;

– les recherches sur l'*argumentation* (voir p. 133) ;

– l'étude de l'*interaction* verbale, en particulier dans les travaux d'inspiration ethnométhodologique qui accordent un rôle central aux échanges entre les individus dans la vie quotidienne (voir p. 142) ;

– certaines *théories de la communication interpersonnelle*, comme celles de l'école de Palo Alto (G. Bateson, P. Watzlavick…), qui étudient les codes du comportement, les règles inconscientes qui régissent les échanges entre les membres d'une société.

Nous allons évoquer très rapidement quelques-unes de ces problématiques.

La théorie des actes de langage

À l'origine d'inspiration *anglo-saxonne*, ce courant a surtout mobilisé les réflexions de philosophes, de logiciens, d'anthropologues. Le philosophe anglais J. L. Austin (*How to Do Things With Words*, 1962) a mis en évidence l'existence d'énoncés qu'il a appelés « performatifs », qui présentent la singularité d'accomplir ce qu'ils disent par le seul fait de le dire : ainsi « Je le jure », que l'on peut opposer à un énoncé non performatif comme « Paul a juré d'épouser Marie ». Progressivement Austin a été amené à considérer que toutes les énonciations ont ce qu'il nomme une **force illocutoire**, c'est-à-dire constituent des **actes de langage** (affirmer, ordonner, suggérer, etc.).

Dans cette conception, parler, c'est non seulement transmettre un certain contenu mais encore modifier une situation, en particulier agir sur autrui. À chaque acte illocutoire sont attachées certaines normes qui le rendent légitime. Par exemple, pour promettre quelque chose à quelqu'un il faut que ce que l'on promet ne se produise pas nécessairement, que le locuteur ait le pouvoir d'agir sur l'événement, que celui à qui on promet soit intéressé à la réalisation de cet événement, etc. Même des actes apparemment neutres comme « affirmer » sont régis par des normes : le locuteur qui affirme doit avoir accès à l'information qu'il délivre, être sincère, donner une information qui concerne son destinataire, etc.

Pour faire l'acte de promettre ou celui d'affirmer, il n'est pas nécessaire de vérifier que toutes les conditions qui rendent légitimes ces actes sont effectivement réunies : le seul fait de promettre implique que ces conditions sont réunies. En produisant un acte illocutoire, le locuteur « montre » qu'il a le droit de parler comme on le fait. Ainsi, accomplir tel ou tel acte de langage, c'est se conférer un certain statut, conférer le statut corrélatif au destinataire, poser son énonciation comme légitime dans le contexte, etc.

L'implicite

Les travaux inspirés par la pragmatique accordent une importance très grande à l'**implicite**, qui est omniprésent dans le discours, en particulier sous la forme de **présupposés** et de **sous-entendus**. Par exemple, dans un énoncé comme « Nous refusons la décadence de notre pays » on peut distinguer deux registres distincts : d'une part quelque chose qui est affirmé explicitement et soumis à une éventuelle discussion (le refus de la décadence), d'autre part un contenu qui passe presque inaperçu car il est présenté comme allant de soi, comme soustrait à toute discussion (« Le pays est décadent »). Le premier type de contenu est dit **posé,** tandis que le second est dit **présupposé**. Le présupposé, à la différence du posé, n'est pas modifié par la négation ou l'interrogation : dans les énoncés « Est-ce que nous refusons la décadence de notre pays ? » et « Nous ne refusons pas la décadence de notre pays », il reste de toute façon présupposé que le pays est décadent ; c'est le posé, à savoir notre refus, qui fait l'objet d'une interrogation ou d'une négation.

Quant au **sous-entendu**, il permet également de dire sans dire explicitement, en laissant au destinataire le soin de tirer du contexte une proposition implicite, une inférence. Pour ce faire, il doit mobiliser certaines règles du jeu conversationnel, dites **maximes conversationnelles** (P. Grice, *Logic and Conversation*, 1975). Ainsi, dans certaines circonstances « Il se fait tard » peut « sous-entendre » qu'il est temps pour l'interlocuteur de partir. De même, si l'on dit « Je suis très occupé en ce moment » à quelqu'un qui vous dit qu'il ne sait pas ce qu'il va faire pendant le week-end, ce peut être une manière de lui faire passer le message implicite : « Je ne vais pas t'inviter ce week-end. »

L'argumentation

L'**argumentation**, cette activité par laquelle le locuteur cherche, par un usage approprié du discours, à modifier les convictions d'une personne ou d'un groupe, est un domaine d'investissement privilégié de la conception pragmatique du langage.

Les travaux de Ch. Perelman (*Traité de l'argumentation. La nouvelle rhétorique*, 1958), en particulier, ont renouvelé la *rhétorique* traditionnelle, issue de l'Antiquité grecque, qui s'efforce d'étudier « les techniques discursives permettant de provoquer ou d'accroître l'adhésion des esprits aux thèses qu'on présente à leur assentiment » (Perelman). Un autre courant important est celui initié par S. E. Toulmin (*The Uses of Argument*, 1958) qui cherche à saisir les pratiques argumentatives dans l'usage ordinaire de la langue, en prenant donc en compte la diversité des domaines, scientifiques ou non, dans lesquels on argumente.

Il existe également des courants qui mettent l'accent sur la dimension *normative* de l'argumentation : à quelles conditions doit se soumettre un « bon » raisonnement, un raisonnement qui n'est pas trompeur, qui ne vise pas à bloquer la bonne poursuite de la discussion ? On citera les travaux de Charles Hamblin (*Fallacies*, 1970) et ceux de « l'école d'Amsterdam » (F. van Eemeren et R. Grootendorst, *La Nouvelle Dialectique*, trad. fr., 1996). Dans tous les cas il s'agit d'articuler l'étude des usages réels de l'argumentation à un idéal, à des normes : « La pragmatique étant l'étude de l'utilisation du langage, l'analyse de l'argumentation peut être conçue comme une "pragmatique normative" où convergeraient idéalisation normative et description empirique » (van Eemeren et Grootendorst, 1996, p. 10).

La perspective d'O. Ducrot et J.-C. Anscombre (*L'Argumentation dans la langue*, 1983) est très différente, car strictement linguistique. Selon eux, les locuteurs produisent des énoncés pour faire admettre d'autres énoncés à un interlocuteur et à cette fin *orientent* leur discours dans une direction déterminée. Les langues naturelles disposent de ressources à cet effet. Supposons par exemple que Paul ait lu douze dialogues de Platon et que Jean en ait lu moins, par exemple neuf. Si je dis « Paul n'a pas lu tous les dialogues de Platon », je contrains mon interlocuteur à aller dans le sens d'une conclusion négative (« Paul n'est pas compétent… ») ; en revanche, si je dis « Jean a lu beaucoup de dialogues de Platon », j'oriente nécessairement mon interlocuteur dans le sens d'une conclusion positive (« Il est compétent »). Pourtant, objectivement, Jean a lu moins de livres que Paul… Ici ce sont des éléments linguistiques comme « ne… pas » ou « beaucoup » qui décident de l'orientation argumentative, et non la réalité. Avec la même perspective on peut aussi étudier tout un ensemble de **connecteurs** qui peuvent avoir un rôle argumentatif : « mais », « pourtant »…

Les courants interactionnistes

Étroitement liés aux conceptions pragmatiques, les courants **interactionnistes** conçoivent le langage comme foncièrement **interactionnel** (on dit aussi **interactif** ou **dialogique**).

L'interaction verbale

On ne doit pas séparer émission et réception comme deux comportements successifs mais considérer que les deux partenaires sont à la fois en position d'émission et de réception. Tout au long de l'échange, les interlocuteurs, nommés parfois *interactants*, agissent l'un sur l'autre et se transforment à travers cette action réciproque (voir p. 29). Cette conception de l'activité langagière va de pair avec l'idée que l'interprétation des énoncés comme celle de l'ensemble de la situation de communication n'est pas incluse dans les énoncés ou fixée d'avance, mais qu'elle résulte d'un travail mené en commun par les interactants, d'une coopération plus ou moins conflictuelle.

Le verbal et le non-verbal

L'interactionnisme veut s'affranchir d'une linguistique traditionnellement polarisée sur le seul matériau verbal. La possibilité d'enregistrer à la fois le son et l'image a permis d'analyser rigoureusement le caractère **multicanal** (on dit aussi **multimodal**) de la communication verbale, qui déborde largement le strict domaine de la langue naturelle : les « interactants » communiquent par leurs émissions vocales, certes, mais aussi par leurs silences, leurs mimiques, leurs postures, la manière dont ils prennent alternativement la parole (étude des *tours de parole*), etc.

La dimension psycho-sociologique

Les problématiques interactionnistes associent étroitement la linguistique à la psychologie ou la sociologie. Ces recherches sont en particulier nourries par des théories sociologiques américaines comme **l'interactionnisme symbolique** (G. H. Mead, *L'Esprit, le Soi et la Société*, trad. fr., 1963) ou **l'ethnométhodologie** (H. Garfinkel, *Studies in Ethnomethodology*, 1967). Cet ensemble de recherches linguistiques et non linguistiques participent d'un vaste courant qu'on appelle parfois la « nouvelle communication » (Y. Winkin, *La Nouvelle Communication*, 1981). On peut y associer des noms comme ceux de l'anthropologue Gregory Bateson (*Vers une écologie de l'esprit*, trad. fr., 1977) ou d'Erving Goffman. Bateson a eu une grande influence sur l'école de Palo Alto (en particulier Paul Watzlavick) qui s'est efforcé d'articuler étude des interactions verbales et pathologie mentale (*Une logique de la communication*, trad. fr., 1972). Quant à Goffman, il a méticuleusement étudié les interactions de la vie quotidienne comme des « rituels », des « mises en scène » à travers lesquels se construit et se maintient l'identité de chacun (*La Mise en scène de la vie quotidienne*, trad. fr., 1973). Goffman est en particulier à l'origine de la théorie des « faces », qui considère que tout individu possède une face « positive » (une image sociale qu'il cherche à valoriser) et une face « négative » (un territoire qu'il cherche à protéger). Or toute énonciation est susceptible de menacer ces faces : par exemple, donner un ordre peut menacer la face positive de l'allocutaire (qui peut se sentir humilié), poser une question peut menacer sa face négative (on le dérange), etc. Cela oblige les interlocuteurs à recourir à de multiples stratégies pour rehausser leur face positive sans menacer celle d'autrui. Quand on pose une question, par exemple, on ajoute des formules telles que « s'il vous plaît », « je m'excuse de vous déranger... », « pardon ! », etc., qui ont pour effet de renforcer la face positive de celui dont on menace la face négative.

L'analyse du discours

Étroitement associé dans certains pays aux courants interactionnistes, s'est développé depuis la fin des années 1960 un champ d'**analyse du discours** qui vise à étudier dans leur diversité les pratiques discursives en situation. C'est un domaine de recherche particulièrement actif, mais très instable, divisé entre de multiples courants. C'est dans les années 1960, essentiellement en Europe occidentale et aux États-Unis, que des courants relativement indépendants les uns des autres et issus de diverses disciplines ont placé la question du « discours » au centre de leurs préoccupations.

En considérant la question du point de vue de l'Europe, après l'émergence de l'analyse du discours dans les années 1960, on peut distinguer sommairement deux phases dans son développement :

– À partir de la seconde moitié des années 1970, une première convergence s'opère pour constituer un champ spécifique d'analyse du discours : linguistique textuelle (voir p. 92), théories de l'énonciation (voir p. 86), pragmatique (voir p. 129) apportent un outillage conceptuel et méthodologique considérable. C'est aussi la période où devient importante la référence au penseur russe M. Bakhtine, dont les maîtres mots sont « dialogisme » et « polyphonie ».

– Au cours des années 1980, les divers courants entrent en dialogue avec ceux des États-Unis. On assiste ainsi au développement d'un champ mondialisé d'études sur le discours (en anglais *discourse studies*). Ce processus va de pair avec une accentuation du caractère interdisciplinaire de la recherche et un élargissement considérable des types de corpus pris en compte : du discours philosophique aux débats télévisés en passant par les interactions entre malades et médecins, l'ensemble des productions verbales est désormais concerné.

Les objets de l'analyse du discours

Les analystes du discours travaillent sur des objets très divers.

– Ils peuvent étudier les différents *types de discours* correspondant aux multiples secteurs d'activité de la société (discours administratif, publicitaire…), avec toutes les subdivisions que l'on veut. C'est à l'intérieur de ces « types » que sont identifiés les *genres de discours* : ainsi le discours médical (type) englobe-t-il un grand nombre de genres tels que la consultation, l'ordonnance, le compte rendu opératoire, les réunions de service, etc. Types et genres de discours sont pris dans une relation de réciprocité : tout type est en fait un ensemble de genres ; tout genre n'est tel que s'il appartient à un type. Mais la notion de genre recouvre des réalités très diverses ; le journal télévisé ou le guide touristique, par exemple, sont des routines stabilisées par les contraintes attachées à une certaine situation de communication, ils répondent à des besoins précis. En revanche, en littérature ou en philosophie, quand on parle de « genres » pour des catégories comme « élégie » ou « méditation », il ne s'agit que partiellement de routines attachées à une situation : ce sont aussi des manières pour les auteurs de donner un sens singulier à leur texte.

– Ils peuvent étudier les divers genres de discours qui sont à l'œuvre *dans une même institution* : un hôpital, une école, etc. On a alors affaire à un réseau de genres complémentaires qui interagissent et qui sont constitutifs du fonctionnement de l'institution concernée.

– Ils peuvent aussi étudier des ensembles de textes qui appartiennent à divers genres mais relèvent du même **positionnement** idéologique (parti, doctrine, courant, mouvement littéraire, etc.). Le discours du Parti socialiste, par exemple, ce sont les divers genres de discours (journal quotidien, tracts, programmes électoraux, etc.) produits par ce positionnement à l'intérieur du *champ* politique. On est alors dans une optique de *lutte idéologique*, de délimitation d'un territoire symbolique contre d'autres.

– Les analystes du discours travaillent également avec des unités qu'on pourrait dire *transverses*, en ce sens qu'elles traversent les textes de multiples genres de discours. Elles peuvent être définies sur la base de critères (1) linguistiques, (2) fonctionnels, ou (3) communicationnels.

(1) On peut en effet classer les textes à partir de critères purement *linguistiques*. C'est ainsi qu'Émile Benveniste (*Problèmes de linguistique générale*, 1966) a proposé de diviser les textes en deux grandes catégories, l'« histoire » et le « discours ». Dans le premier cas les énoncés semblent totalement coupés de leur situation d'énonciation (par exemple dans les textes scientifiques,

les proverbes, etc.) ; dans le second cas, le texte renvoie constamment à sa situation d'énonciation et utilise massivement les formes du dialogue, « je » et « tu » ou « vous ». Mais on peut aussi classer les textes en fonction du vocabulaire qu'ils emploient ou de la présence de telle ou telle catégorie de mots : par exemple les textes scientifiques utilisent beaucoup les phrases passives et le présent de l'indicatif, les textes narratifs l'imparfait et le passé simple, etc.

(2) On peut également appréhender les textes en se fondant sur des critères *fonctionnels*. Dans ce domaine, la typologie la plus célèbre est celle des fonctions du langage élaborée par le linguiste russe Roman Jakobson. Il distingue six fonctions : phatique (établir ou maintenir le contact), référentielle (parler du monde hors du langage), métalinguistique (parler du langage), conative (agir sur l'allocutaire), expressive (exprimer les émotions du locuteur), poétique (mettre en valeur la face signifiante de l'énoncé, sa matière) ; dans chaque genre de texte, c'est telle ou telle de ces fonctions qui domine. Ainsi, dans une grammaire, c'est la fonction métalinguistique, dans un fait divers, la fonction référentielle, etc. Dans la pratique, cette typologie séduisante est difficile à manier car la plupart des textes mobilisent plusieurs fonctions à la fois. Il existe d'autres typologies des fonctions du langage que celle de Jakobson ; elles utilisent des catégories psychologiques ou sociologiques : fonctions ludique, informative, prescriptive, rituelle…

(3) Il est enfin possible de travailler sur des catégories de type *communicationnel*, qui sont définies en combinant des traits linguistiques et fonctionnels : « discours comique », « discours de vulgarisation », « discours didactique »… Même s'ils s'investissent dans certains genres privilégiés, ils ne peuvent pas y être enfermés. La vulgarisation, par exemple, est la finalité fondamentale de

certains magazines ou manuels, mais elle apparaît aussi dans les journaux télévisés, dans la presse quotidienne, etc.

Quelques courants d'analyse du discours

– En France, dans la seconde moitié des années 1960, le développement de l'analyse du discours s'est partagé entre deux courants très différents. On peut ainsi identifier une « École française » marxiste dont la figure de proue était Michel Pêcheux (*Analyse automatique du discours*, 1969), très influencé par le philosophe Louis Althusser et la psychanalyse de Jacques Lacan. À l'opposé de cette approche qui traquait une sorte d'inconscient des textes, le philosophe Michel Foucault a élaboré dans *L'Archéologie du savoir* (1969) une problématique du discours qui mettait l'accent non sur des contenus cachés mais sur les dispositifs de communication eux-mêmes, sur la dimension institutionnelle du discours. Foucault n'est pas à proprement parler un analyste du discours, mais sa pensée a exercé une influence croissante sur de multiples recherches en analyse du discours.

– Aux États-Unis, un certain nombre de courants se situent à la croisée de l'anthropologie et de la linguistique : c'est le cas de « l'ethnographie de la communication » (D. H. Hymes et J. Gumperz, *Directions in Sociolinguistics. The Ethnography of Communication*, 1972) qui place au centre de la réflexion la **compétence de communication**, l'aptitude qu'ont les locuteurs de produire et d'interpréter des énoncés *appropriés* aux multiples situations dans une culture déterminée. L'activité verbale y est appréhendée comme un comportement social constamment évalué par autrui. C'est une vision de l'activité linguistique qui s'oppose fermement à celle que défendait à la même époque avec succès

N. Chomsky, dont la grammaire générative (voir p. 119) reposait sur la notion de « compétence linguistique » d'un « locuteur-auditeur idéal. »

– Un autre courant, sociologique cette fois, a laissé durablement son empreinte sur l'analyse du discours, plus précisément sur l'analyse des conversations : l'ethnométhodologie (H. Garfinkel, *Studies in Ethnomethodology*, 1967). Les tenants de cette approche considèrent que les individus, pour se faire reconnaître comme membres légitimes de la collectivité, participent à la définition des situations où ils sont impliqués et y mettent en œuvre des procédures de gestion de leur communication. L'ethnométhodologie se donne comme une discipline qui étudie la manière dont ceux qui participent à une activité sociale lui attribuent son intelligibilité propre. Il ne s'agit pas d'observer de l'extérieur les phénomènes, mais de s'intéresser en quelque sorte de l'intérieur à la façon dont se construisent les caractéristiques des phénomènes que l'on observe. On doit ainsi décrire les catégories qu'un groupe se donne pour mettre en ordre les activités sociales. C'est dans cette perspective que l'ethnométhodologie a accordé un rôle central à la *conversation*, considérée comme un des moteurs de la reconstruction ininterrompue de l'ordre social par les individus (H. Sacks, *Lectures on Conversation*, 1992).

– Parallèlement à ces démarches d'inspiration sociologique ont été menées des recherches plus proprement linguistiques, qui mettent au premier plan la question de la structure des conversations : la hiérarchie des unités dont elles sont constituées. On signalera en Grande-Bretagne les travaux pionniers de J. McH. Sinclair et R. M. Coulthard (*Toward an Analysis of Discourse*, 1975) et ceux en Suisse francophone d'Eddy Roulet (*L'Articulation du discours en français contemporain*, 1985). Dans de telles approches on s'inspire à la fois de la linguistique textuelle (une conversation est un réseau d'unités qui s'appuient les unes sur les autres) et de la théorie des actes de langage (dans une conversation les interlocuteurs s'efforcent d'agir l'un sur l'autre).

– Dans les années 1980 a émergé le courant appelé « analyse critique du discours » *(Critical Discourse Analysis)*, qui a pour objectif d'étudier la manière dont le langage peut être utilisé à des fins jugées négatives, d'un point de vue éthique, en règle générale à l'insu des locuteurs. On citera en particulier les noms de N. Fairclough, T. van Dijk et R. Wodak. Ils analysent par exemple les stratégies par lesquelles la presse véhicule des préjugés racistes ou sexistes (T. A. van Dijk *et al.*, *Communicating Racism. Ethnic Prejudice in Thought and Talk*, 1987), ou le rôle du discours dans la reproduction des inégalités sociales à l'école. Ce type de recherches est aux confins de la linguistique appliquée (voir p. 163). C'est avant tout le souci de remédier à un certain nombre de dysfonctionnements sociaux, et non une méthodologie propre, qui le caractérise. S'il relève de l'analyse du discours, c'est parce qu'il part du postulat que le langage joue un rôle essentiel dans la mise en place des cadres qui conditionnent notre appréhension du monde et dans la légitimation des comportements, à tous les niveaux : du plus individuel au plus collectif.

11

Langue et société

Quand on veut étudier les *relations entre langue et société*, on oscille entre deux attitudes à l'égard de la langue. Selon la première, la langue est avant tout un système qui s'explique par lui-même et sur lequel la société ne peut agir qu'indirectement ; selon la seconde, la langue est une réalité avant tout sociale. Dans le premier cas, on ajoute à la linguistique proprement dite, celle qui analyse le système, une discipline connexe, la **sociolinguistique**, qui prendrait en charge les relations entre langue et société ; dans le second cas, la sociolinguistique ne se réduit pas à l'étude de l'aspect social de la langue, mais elle *est* la linguistique même. Déjà au début du XXᵉ siècle A. Meillet (1866-1936), s'opposant en cela à F. de Saussure, mettait l'accent sur le caractère social de la langue. Il était en cela très influencé par le sociologue Émile Durkheim. Pour lui, « l'histoire de la langue est commandée par des faits de civilisation ». Si l'on adopte cette perspective, on est amené à récuser les présupposés et les méthodes de la linguistique dominante, qui aurait en particulier le tort d'exclure la variation linguistique, donc de travailler sur des données artificielles, mais aussi de situer dans le système linguistique des processus qui dépendent en fait de facteurs sociaux. S'est ainsi développée dans les années 1960-1970 une polémique contre la notion, diffusée par la grammaire générative (voir p. 119), de *locuteur-auditeur idéal*, qui appartiendrait à une *communauté linguistique homogène*.

La plupart des linguistes cherchent à définir des positions de compromis entre une linguistique centrée sur l'étude de la langue comme système et une sociolinguistique préoccupée de la dimension sociale des langues. On notera d'ailleurs que beaucoup de phénomènes peuvent être abordés des deux points de vue, linguistique et sociolinguistique. Ainsi, devant une phrase de français populaire comme « Le pote à ta sœur, c'est quand qu'i part ? », le linguiste et le sociolinguiste ne se poseront pas le même genre de questions. Le linguiste analysera cette structure comme structure grammaticale, au même titre que n'importe quelle autre, tandis que le sociolinguiste sera sensible au caractère *incorrect* (voir p. 67) d'une telle phrase, aux raisons de sa stigmatisation, aux locuteurs qui la profèrent, aux situations dans lesquelles elle apparaît, à sa relation privilégiée avec l'oralité, etc.

Nous n'allons pas mettre un terme à ce débat récurrent, mais seulement évoquer les principaux domaines d'intervention d'une réflexion de type sociolinguistique.

Les contacts de langues

Dans le monde, la plupart des hommes parlent ou comprennent *plusieurs langues*, que ce soit à l'échelle individuelle ou à l'échelle de toute une communauté. De ce **plurilinguisme** découlent une série de phénomènes liés au **contact des langues**.

Les interférences

Les **interférences** (phonétiques, morphosyntaxiques, lexicales) entre langues sont multiformes et souvent invisibles. Par exemple, le français « couvrir un événement » résulte d'un **calque** de l'expression correspondante en anglais. Le type d'interférence le plus évident est l'**emprunt**, quand une langue importe des mots ou des expressions provenant d'une autre langue : si l'on considère le lexique français, par exemple, on voit que « marketing » a été emprunté à l'anglais, « samovar » au russe, « studio » à l'italien, etc. Le problème majeur que pose l'emprunt est celui de son intégration dans la langue d'accueil. Cette intégration peut porter sur la prononciation ou sur la morphosyntaxe. En italien comme en français, « studio » est un nom masculin, mais en italien il ne se prononce pas tout à fait de la même manière (le *u* se prononce *ou*) et son pluriel est différent. Quand la langue de départ et la langue d'arrivée sont grammaticalement très différentes, l'intégration est délicate. Ainsi les mots que le russe a empruntés à des langues étrangères ne se déclinent pas comme les mots d'origine slave. De même, dans une langue comme l'allemand, une distinction est faite entre les mots empruntés qui sont entièrement germanisés et, à ce titre, se déclinent comme les mots d'origine germanique (*Admiral* (« amiral »), *Kritiker* (« critique »), *Likör* (« liqueur »)…) et les mots qui ne sont pas germanisés, qui gardent leur forme originelle (*Sofa*, *Hotel*, *Café*…). Mais la conscience linguistique des locuteurs joue aussi un rôle : les personnes cultivées peuvent préserver certaines propriétés qu'avait le mot dans sa langue de départ. Ainsi en France de nombreux locuteurs prononcent « à l'anglaise » les mots empruntés à l'anglais, certains même utilisent le pluriel en *-i* pour les mots empruntés à l'italien (disant par exemple *des soprani* au lieu de *des sopranos*).

Dans certains cas le plurilinguisme peut résulter de la nécessité de recourir à une **langue véhiculaire**, qui sert de lien entre diverses communautés ayant par ailleurs chacune leur langue propre : ainsi le français ou l'anglais dans de nombreux pays d'Afrique noire. Une langue véhiculaire n'a pas besoin d'être la langue officielle d'un État.

Sabirs, pidgins, créoles

Pour communiquer, on peut aussi utiliser non de véritables langues, mais des **sabirs**, c'est-à-dire des systèmes linguistiques élémentaires « bricolés » en mélangeant et en déformant diverses langues ; ces sabirs ne s'emploient que dans certaines situations. C'est le cas par exemple dans les ports, où marins et dockers de pays différents sont obligés de communiquer pour exécuter certaines tâches.

Les **pidgins** sont également des systèmes simplifiés, mais ils ne sont plus réservés à certaines activités, ils deviennent une langue seconde, relativement stable, pour tout un groupe. En général, les pidgins résultent d'une hybridation, qui associe la morphologie et la syntaxe d'une langue au lexique d'une autre. Ce phénomène est particulièrement visible dans le cas des plantations coloniales d'autrefois, où les esclaves ne parlaient pas tous la même langue et les planteurs ne parlaient pas les langues de leurs esclaves.

À l'aboutissement de ce processus, on trouve les **créoles**, qui sont de véritables langues maternelles pour certaines communautés. Mais on ne peut pas tracer de frontière tranchée entre pidgin et créole. Les créoles des noirs des Antilles sont issus, dans des proportions variables, de la déformation d'une langue dominante (le français par exemple) et de son mélange avec plusieurs langues africaines. Il existe divers groupes de créoles : à base française en Haïti ou à la Martinique, à base espagnole à Porto Rico, à base anglaise à la Jamaïque, à base portugaise au Cap-Vert, etc. La formation des créoles est très discutée. Ils intéressent beaucoup les linguistes car ce sont de véritables laboratoires : ils permettent en effet d'observer comment naît une nouvelle langue.

La diglossie

La plupart des pays connaissent des situations de **diglossie**. Ce terme a été introduit par Ch. Ferguson en 1959 pour caractériser les situations linguistiques où coexistent deux variétés d'une même langue qui ont des fonctions complémentaires : la **variété haute** et la **variété basse**. La *variété haute*, plus prestigieuse, est apprise à l'école, elle est relativement stable et est utilisée dans les situations de communication formelles, en particulier pour écrire de la littérature. En revanche, la *variété basse*, employée dans les conversations familières, est peu contrôlée et très instable. Ces deux variétés peuvent appartenir à la même famille : c'est le cas dans les pays arabophones où coexistent l'arabe classique (celui du Coran) comme variété haute et différents arabes dialectaux, autant de variétés basses qui sont spécifiques de tel pays ou de telle région. Les deux variétés peuvent aussi ne pas appartenir à la même famille : ainsi l'espagnol et des langues indiennes (quechua, maya...) dans certains pays d'Amérique latine, où c'est l'espagnol qui joue le rôle de la variété haute.

Cette frontière entre variétés haute et basse n'est pas figée ; ainsi, le latin, variété haute dans la France médiévale, a été supplanté par le français, ancienne variété basse. De nos jours, dans certains pays on cherche à faire passer le créole du statut de variété basse à celui de variété haute. Les pays arabophones sont partagés entre deux politiques : promouvoir l'arabe dialectal, de façon à le faire accéder au statut de variété haute, ou généraliser l'usage de l'arabe classique comme variété haute, en favorisant ainsi les échanges entre pays arabophones. Ce problème est compliqué par le fait qu'il existe *de facto* une autre variété haute, celle de l'anglais ou du français, qui facilitent les échanges avec les pays placés hors de la sphère arabophone.

Les politiques linguistiques

Les problèmes engendrés par le contact des langues obligent les institutions politiques à gérer la diversité linguistique, à définir une **politique linguistique**, qui leur fait assigner divers statuts aux différentes langues. Cela concerne au premier chef la définition de **langues officielles**, c'est-à-dire des langues qui peuvent être légitimement utilisées dans la vie politique, l'administration, la justice, l'enseignement. À cet égard, les gouvernements ont deux solutions à leur disposition : reconnaître une pluralité de langues officielles (comme en Belgique, en Suisse, au Canada), ou alors imposer une seule langue officielle ; c'est le cas en France mais aussi dans de nombreux pays multilingues : en Afrique par exemple, où sont parlées de nombreuses langues, le français ou l'anglais servent souvent de langues officielles. Dans de nombreux pays, la volonté de défendre les droits des minorités tend aujourd'hui à rendre les situations très compliquées. C'est le cas même en France, pays particulièrement monolingue pourtant : le breton ou le basque, langues régionales, n'ont pas le statut de langues officielles, mais il est permis aux élèves de suivre l'enseignement secondaire et de passer le baccalauréat dans ces langues. L'intervention croissante des institutions européennes dans les politiques nationales favorise les langues minoritaires de plus en plus complexes. Mais il faut être conscient que la politique linguistique ne se contente pas de gérer ce qui est, elle modifie la réalité : par exemple, si on donne un statut officiel à une langue parlée par peu de locuteurs, cela incite beaucoup de gens à l'apprendre et, pour les besoins de l'enseignement, cette langue tend à se normaliser, à se doter d'une « variété haute ».

La politique linguistique débouche tout naturellement sur une **planification linguistique**, dont les domaines d'intervention sont multiples : instauration ou réforme de l'écriture, gestion du plurilinguisme dans un pays, standardisation d'un dialecte appelé à devenir langue officielle (nécessité de constituer des grammaires, un dictionnaire, une terminologie pour les activités scientifiques et techniques…), contrôle de la néologie lexicale (lutte contre le franglais par exemple), mise en place d'un appareil scolaire conforme à la politique choisie…

La communication bilingue

Les locuteurs qui parlent plusieurs langues ne se contentent pas de changer de langue en fonction des situations de communication, ils le font aussi à l'intérieur de la même situation. C'est ce qu'on appelle l'**alternance des langues** (en anglais *code switching*). Cette alternance peut se faire au niveau du mot, du groupe de mots, de la phrase entière, voire selon les phases de l'échange. Avec les mouvements de population ce phénomène a pris aujourd'hui une importance considérable.

Variation et changement linguistique

À l'intérieur d'une même langue il y a une **variation** constante. Les langues mortes sont les seules à ne plus varier. De manière générale, dans de nombreuses zones de la langue on observe des variations. Par exemple, on entend en français contemporain aussi bien « De quoi est-ce que tu/t'as besoin ? », « De quoi tu/t'as besoin ? », « Qu'est-ce que tu/t'as besoin ? », « De quoi as-tu besoin ? »… Mais on ne peut pas exclure que, avec le temps, certaines de ces constructions disparaissent.

La variation et le changement linguistique

La forme de variation la plus évidente est le fait que les langues évoluent dans le temps : le français de 1600 n'est pas le même que celui de 1950, et cela concerne aussi bien la prononciation que la morphologie, la syntaxe ou le lexique. On s'en rend mieux compte quand il se produit des changements importants dans le système de la langue. C'est ainsi qu'en français médiéval les noms se déclinaient encore ; en moyen français (XIVe-XVIe siècle) la déclinaison a progressivement disparu, à l'oral d'abord, puis à l'écrit. Pendant cette période il y a eu coexistence des formes traditionnelles déclinées et des formes nouvelles non déclinées. Le système connaissait donc sur ce point, comme sur beaucoup d'autres, une variation importante.

Facteurs internes et externes

Une chose est d'observer la variation, une autre est de l'expliquer. *À priori* il peut y avoir deux causes d'évolution : les causes « externes » et les causes « internes ».

– Les causes « externes », ce seront des phénomènes d'ordre social ou historique : par exemple la colonisation espagnole en Amérique du Sud ou l'invasion de l'Angleterre par les Normands, qui parlaient un dialecte d'ancien français et se sont retrouvés au milieu d'une population aux parlers germaniques. Mais ce peut être aussi une révolution, une transformation sociale qui fait accéder au pouvoir des groupes sociaux jusqu'alors dominés, des évolutions démographiques, la mise en contact de langues, la constitution d'un nouvel État, etc.

– Les causes « internes » sont des causes qui tiennent au système même de la langue. Ainsi, le fait que dans une langue déterminée l'accent tonique soit placé dans telle ou telle position, le fait qu'il y ait ou non dans cette langue des voyelles tendues, le fait que l'on ne perçoive plus certaines distinctions morphologiques, etc. Comme on l'a vu (voir p. 100), le linguiste structuraliste A. Martinet a dans cette perspective essayé de montrer que les systèmes phonétiques évoluent de manière à annuler, dans la mesure du possible, certains déséquilibres qui menacent la stabilité du système.

Il est évident que les deux types de causalité, interne et externe, sont à l'œuvre dans la langue et qu'elles interagissent. Mais les facteurs internes et externes n'ont sans doute pas la même importance selon les phénomènes concernés. Par exemple, la prononciation du français actuel diffère beaucoup de celle des autres langues romanes parce qu'il a été parlé par les Francs, qui étaient d'origine germanique. En revanche, cette origine germanique n'a pas particulièrement affecté la syntaxe du français.

Les linguistes sont divisés quant à l'importance qu'il faut accorder à l'une ou à l'autre causalité. Si les structuralistes, comme le montrent les travaux de Martinet, ont donné plus de poids aux facteurs internes, la linguistique dite **variationniste,** dont le représentant le plus éminent est l'Américain W. Labov, a défendu l'idée d'une interaction entre facteurs internes et externes.

La linguistique variationniste

Développée dans les années 1960, cette linguistique s'est appuyée sur de vastes enquêtes dans quelques grandes villes américaines pour étudier la relation entre variation linguistique et stratification sociale (W. Labov, *The Social Stratification of English in New York City*, 1966). Les recherches de la linguistique variationniste ont essentiellement concerné les phénomènes phonétiques ou morphologiques. Pour Labov et ses collaborateurs, la variation de la langue apparaît réglée par divers facteurs internes et externes (par exemple le niveau d'éducation, le lieu où travaillent les locuteurs, etc.). Mais ces règles n'ont rien de mécanique : tous les vendeurs d'un même supermarché ou tous les habitants d'un même quartier ne parlent pas de la même manière. Outre les facteurs sociaux, il faut en effet tenir compte de la situation de communication dans laquelle se déroule l'événement de parole : selon celui à qui il s'adresse, le locuteur peut faire varier considérablement sa manière de parler. Il faut aussi prendre en considération des facteurs internes : dans telle position, telle règle a plus ou moins de chances de s'appliquer. Par exemple, le fait qu'en français on prononce souvent « et demi » comme [*enmi*] au lieu de [*edmi*] dans « huit heures et demie » s'explique par l'influence du *m* qui suit.

Langues et dialectes

La variation linguistique est particulièrement visible quand on aborde la question des « dialectes ». La **dialectologie**, au XIXe siècle, a d'ailleurs constitué la première forme de sociolinguistique. Les dialectologues ont mené des enquêtes systématiques auprès de témoins soigneusement choisis, pour étudier en particulier les variations phonétiques et lexicales. Les données ainsi collectées étaient recueillies sur des cartes géographiques détaillées, des **atlas linguistiques** qui indiquaient avec précision la répartition des traits dialectaux. À ce type de recherche est associé en France le nom de Jules Gilliéron qui a dirigé la rédaction de l'*Atlas linguistique de la France* (1902-1912).

De la dialectologie rurale à la dialectologie urbaine

La variation *géographique* peut prendre la forme de **patois**, de **dialectes**, de **langues de minorités.** On parle de « langues de minorité » par exemple pour le basque ou l'alsacien en France, pour l'italien en Suisse, pour l'allemand en Belgique, etc. Une langue parlée par une minorité dans un pays peut être la langue parlée par l'ensemble de la population dans un autre pays ; mais il est rare qu'il n'y ait pas des différences entre les deux variétés. Aujourd'hui on réserve le terme de « patois » à des variétés rurales très locales, à l'échelle d'un village ou d'un groupe de villages. Les « dialectes » couvrent des zones plus vastes. Patois et dialectes résultent d'une différenciation à l'intérieur de la même langue. En France on distingue deux grandes zones de dialectes issus de la décomposition du latin, ainsi nommées en fonction de la façon dont on disait « oui » : les dialectes d'« oïl », au nord de la Loire, et les dialectes d'« oc » au Sud. Le picard ou le normand sont des dialectes d'oïl, le béarnais ou le provençal des dialectes d'oc. Dans un même pays on peut avoir des dialectes apparentés à des langues d'un autre pays. Ainsi en France les dialectes alsaciens appartiennent au domaine germanique.

La distinction entre « langue » et « dialecte » est une question politiquement très sensible : « dialecte » est souvent perçu comme une dénomination péjorative par ceux qui appartiennent à une minorité linguistique. Ce qu'on appelle une « langue » n'est bien souvent qu'un dialecte qui, pour des raisons historiques, a été doté d'une littérature prestigieuse et/ou a été utilisé dans des situations formelles ; il a ainsi bénéficié de soins particuliers et, en particulier, a été enseigné à l'école. Ce qui s'est accompagné de la création de grammaires et de dictionnaires, qui ont contribué à renforcer son prestige.

On peut parler d'**usages régionaux** pour des variétés régionales de moindre importance, telles que l'accent (« l'accent du Midi »…) ou l'emploi de certains mots spécifiques comme dans le français de Marseille par exemple.

Si la dialectologie traditionnelle, celle qui s'est constituée à la fin du XIXe siècle, s'intéresse essentiellement aux variations *géographiques*, c'est-à-dire aux variétés régionales, et en particulier aux dialectes *ruraux*, aujourd'hui c'est le monde urbain qui offre les terrains d'enquête les plus riches. Il s'agit désormais de **dialectes sociaux**, non de dialectes régionaux. C'est dans les années 1960, aux États-Unis, que la linguistique variationniste a développé une véritable dialectologie urbaine, avec des méthodologies originales d'analyse de l'usage en situation authentique, l'observateur s'efforçant de ne pas fausser les données par sa présence. Des travaux ont été menés en particulier sur l'anglais des Noirs

(W. Labov, *Language in the Inner City. Studies in the Black English Vernacular*, 1972).

Les facteurs de la variation sociale

Les facteurs pris en considération pour observer et analyser la variation sociale sont divers. On signalera en particulier :

– *la couche sociale*. Les classes moyennes, par exemple, se caractérisent par une tendance à l'**hypercorrection** ; dans leur effort pour parler « comme il faut », ils en font trop.

– *la catégorie professionnelle* est traditionnellement mise en corrélation avec les usages linguistiques : un ouvrier ne parle pas comme un médecin. Mais ce genre de corrélation est à la fois évident et difficile à établir, car un individu ne se définit pas seulement par son appartenance professionnelle et son niveau de scolarisation. Il faut aussi prendre en compte :

1) *son capital culturel*. Cette notion développée par le sociologue Pierre Bourdieu est à lier aux « habitus » des divers groupes sociaux, à des dispositions profondément enracinées par l'éducation qui contraignent les goûts et les manières de parler. Bourdieu parle même d'un « capital linguistique », partant du principe qu'il existe une sorte de « marché linguistique » dans lequel certaines manières de parler sont valorisées, d'autres dévalorisées.

2) *son âge*. Selon leur âge, les locuteurs ne parlent pas de la même façon. Les innovations en matière de langue sont en règle générale le fait des jeunes. Dans la France contemporaine, même les jeunes qui ne vivent pas dans les banlieues pauvres peuvent employer des mots ou recourir à des prononciations caractéristiques de ces banlieues, pour montrer en quelque sorte qu'ils sont jeunes.

Le grand public est davantage frappé par des phénomènes comme le « verlan » (« meuf » au lieu de « femme », « tromé » pour « métro », etc.), particulièrement spectaculaires, que par le fait que les jeunes font évoluer l'ensemble du système linguistique. Le verlan, comme l'**argot** traditionnel, a une double fonction : rendre obscur ce qui est dit, pour ne pas être compris (fonction dite « cryptique ») et renforcer un sentiment d'appartenance à un groupe restreint (fonction identitaire).

La norme

Le point de vue prescriptif

La variation n'est pas seulement un ensemble de faits que l'on constate, elle est également soumise à des évaluations fondées sur des **normes** : dans toute société il est admis qu'il y a des « bonnes » et des « mauvaises » façons de parler. L'attitude se fait alors **prescriptive**, puisqu'il s'agit d'éviter des « fautes », que ce soit à l'oral (« la fille qu'il sort avec est pas terrible » au lieu de « la fille avec qui il sort... ») ou à l'écrit s'il s'agit d'orthographe (« il va mangé » au lieu de « il va manger »). Mais toute variation n'est pas nécessairement évaluée : « la fille avec laquelle il sort... » et « la fille avec qui il sort... » sont deux constructions différentes qui sont toutes deux acceptées par la norme.

Pour pouvoir condamner telle ou telle construction, telle ou telle prononciation, telle ou telle graphie, il faut évidemment pouvoir se référer à un « bon usage », à une norme par rapport à laquelle on évalue les énoncés. On parle alors de **langue standard**. Cette langue standard n'est pas une création spontanée, mais le résultat d'un ensemble de choix qui ont été faits par des groupes de locuteurs qui, pour des raisons sociohistoriques, ont pu les imposer à l'ensemble de la collectivité.

Le principe même d'une langue standard qui puisse servir de cadre de référence suppose l'existence d'un système d'écriture. Ce dernier s'accompagne en règle générale

– de *grammaires* normatives qui n'enregistrent pas tout ce qui est attesté, mais ne retiennent que ce qui est considéré comme le « bon » usage ;

– de *dictionnaires* qui servent de référence quant au sens et à l'orthographe des mots ; ils consignent également les normes, en particulier en indiquant les **niveaux de langue** (« soutenu », « familier », « vieilli »…) ;

– d'*écoles* où l'on peut diffuser les normes et corriger les « fautes » ;

– d'*institutions* dont la fonction est de dire le correct et l'incorrect ; c'est le cas par exemple de l'Académie française, fondée par Richelieu en 1635. Mais il existe aussi des organismes chargés d'établir des terminologies ou des commissions qui travaillent à diverses tâches : féminiser les noms de métier, réformer l'orthographe, etc.

Les attitudes des locuteurs

Chaque locuteur parle, mais il évalue aussi sa propre pratique et celle des autres, et ces évaluations jouent un rôle important dans le changement linguistique. On doit ainsi étudier les **attitudes** des locuteurs, la manière dont ils évaluent divers traits linguistiques : telle prononciation pourra être jugée « élégante », « prétentieuse », « ridicule », « bourgeoise », « correcte »… On est vite amené à constater que certains locuteurs – en règle générale ceux qui appartiennent aux couches sociales dominantes – parlent avec un sentiment de **sécurité linguistique** (car ils considèrent leur façon de parler comme légitime), d'autres avec un sentiment d'**insécurité linguistique** (car ils dévalorisent leur propre manière de parler). L'*insécurité* peut engendrer l'hypercorrection (voir p. 157).

Point de vue descriptif et point de vue prescriptif

Le linguiste se trouve nécessairement dans une situation ambiguë face à ces questions de norme.

En effet, la linguistique est par définition **descriptive**, elle ne restreint pas ses données aux seules données jugées « correctes », mais prétend analyser la diversité des usages tels qu'ils se présentent. L'attitude des linguistes à l'égard des « fautes » diverge donc notablement de celle des puristes. À partir du moment où une forme, une construction linguistique – qu'elle soit jugée « correcte » ou non –, est attestée régulièrement, les linguistes considèrent qu'il s'agit d'un phénomène relevant du système de la langue et qu'il faut analyser comme tel. Au début du XXe siècle, le linguiste suisse H. Frei a ainsi développé pour le français une « grammaire des fautes », dans laquelle il cherchait à repérer, à travers les « fautes » qui revenaient régulièrement, les tendances du « français avancé », c'est-à-dire ce vers quoi s'orienterait la langue dans le futur. Dans cette perspective, les fautes fonctionnent comme des indicateurs du changement linguistique en cours. Les exemples en sont innombrables. Ils portent en particulier sur la simplification du système, quand il y a des irrégularités : « nous avons venu » au lieu de « nous sommes venus » (les verbes ayant « être » pour auxiliaire sont en effet moins nombreux que ceux qui recourent à l'auxiliaire « avoir »), « ils partèrent » au lieu de « ils partirent » (on calque les verbes en *-ir* sur ceux en *-er*, beaucoup plus nombreux), etc. Mais il ne faudrait pas croire que toutes les « fautes » préfigurent une norme à venir ; on constate bien souvent que la « faute » et l'usage standard coexistent, sur une longue période sans que le premier se substitue au second.

D'un autre côté, les linguistes sont bien obligés de prendre acte du fait que les sociétés, sur la langue comme sur tout autre chose, posent des normes et que ces normes ont inévitablement une influence sur le fonctionnement des langues. Il est clair qu'à l'écrit en particulier le poids de la norme se fait considérablement sentir.

12

La linguistique appliquée

Les disciplines d'application

Deux visées

Traditionnellement, on distingue deux visées dans l'exercice d'une science : une première qui serait « pure », « désintéressée » et une seconde qui serait « appliquée ». La linguistique n'échappe pas à la règle : à côté de la linguistique qui vise à l'analyse et à la modélisation de la communication verbale, il existe une **linguistique appliquée** qui investit les domaines les plus variés de la vie sociale. En fait, il est généralement très difficile de tracer la frontière entre ces deux finalités, qui interagissent constamment : la recherche « pure » est maintes fois indirectement gouvernée par des applications, celles-ci pouvant avoir des conséquences, souvent inattendues ; en outre, les applications posent sans cesse de nouveaux problèmes aux recherches « pures ». Enfin, selon l'orientation qu'on lui donne, la même recherche peut être considérée comme appliquée ou comme non appliquée : ainsi, en analyse du discours, l'étude des préjugés racistes dans la presse pourra être menée dans une perspective anthropologique de compréhension du rôle que joue le langage dans les constructions idéologiques, mais elle peut servir aussi à faire des propositions pour réformer ce qui est jugé comme un dysfonctionnement grave de la société.

Dans la mesure où le langage est omniprésent dans la société, la linguistique appliquée touche des secteurs extrêmement divers ; on peut même dire qu'il n'existe pas de domaine de la vie sociale où, par un biais ou un autre, le langage n'intervienne pas. En géographie humaine, par exemple, on s'intéresse aujourd'hui non seulement à l'espace « objectif », celui que cherchent à représenter les cartes des géographes, mais encore à la manière dont à travers leurs discours les usagers se représentent l'espace dans lequel ils vivent. On en vient alors, à l'intérieur même de la géographie, à étudier des énoncés. Même des disciplines comme les mathématiques ou la géologie ont affaire au langage, dès lors qu'elles se formulent à travers un certain nombre de genres de discours (manuels à différents niveaux, cours dans les collèges ou les lycées, articles, communications dans des colloques…) que l'on peut étudier comme tels.

En outre, avec la révolution apportée par l'informatique il sera de plus en plus difficile de séparer linguistique appliquée et non appliquée : nombre de recherches sur le langage qui relèvent de la recherche fondamentale sont d'ores et déjà menées en fonction de leurs retombées prévisibles sur les « industries de la langue » (voir *infra* p. 167).

Trois critères

Dans les sciences du langage, pour caractériser une discipline d'application on peut invoquer trois critères :
– *Elle répond à une demande sociale*. Les recherches menées dans le cadre d'une discipline d'application sont liées à des besoins explicites de tel ou tel secteur de la société : rééducation de la parole pour ceux qui ont des

troubles du langage, didactique de la langue maternelle, réalisation de dictionnaires, traduction automatique, etc.

– *Elle emprunte à divers champs de savoir*. Une discipline d'application associe des connaissances et des méthodes choisies dans des domaines scientifiques et techniques variés. Par exemple, l'*orthophonie* (la rééducation de la parole) fait appel à la linguistique, en particulier à la phonétique expérimentale, mais aussi à la neurologie, à l'anatomie, à la psychologie… La *didactique des langues* recourt à la linguistique, la psychologie, la sociologie… La traduction automatique associe intimement l'informatique et la linguistique (la sémantique, la linguistique textuelle, la lexicographie…).

– *Elle est évaluée par ses résultats*. Les applications sont évaluées en fonction de leur aptitude non seulement à décrire et expliquer un ensemble de phénomènes, mais aussi à résoudre les problèmes pour lesquels elles ont été conçues. Une bonne méthode d'enseignement des langues est censée permettre aux apprenants de maîtriser mieux et plus vite une langue, une bonne banque de terminologie doit satisfaire efficacement les besoins d'un certain nombre d'usagers ciblés à l'avance. Cette contrainte peut être source de difficultés : il arrive en effet qu'un certain nombre de « recettes » donnent d'excellents résultats, mais en s'appuyant sur des concepts ou des méthodes que les disciplines sur lesquelles repose l'application jugent discutables.

Quelques applications traditionnelles de la linguistique

– La **didactique des langues** : il peut s'agir de l'enseignement de la langue maternelle ou de celui des langues étrangères. La linguistique intervient dans l'élaboration de *grammaires scolaires* à différents niveaux des cursus d'enseignement, de *méthodes d'enseignement* des langues vivantes, mais aussi de méthodes d'apprentissage de la *lecture* ou de l'*écriture*. En fait, on ne peut pas se contenter d'enseigner à parler « une langue ». Maîtriser une langue, c'est savoir l'employer de manière adéquate selon les situations de communication. Un domaine particulièrement important est celui des **techniques d'expression**, qui visent à aider les apprenants à maîtriser l'usage de la langue dans certaines situations de communication, écrites ou orales, notamment dans les situations professionnelles. Dans cette perspective, une attention particulière est portée aux **langues de spécialité**, c'est-à-dire aux usages de la langue qui sont spécifiques d'un métier, que ce soit en langue maternelle ou en langue étrangère : discours juridique, scientifique, etc.

– La **lexicographie** : les usagers d'une langue recourent constamment à des dictionnaires pour contrôler le sens d'un mot, une orthographe, une étymologie, chercher un synonyme, etc. La lexicographie a pour fonction de réfléchir sur les méthodes d'élaboration de dictionnaires : délimitation d'un public, établissement d'une nomenclature, d'un modèle d'article. La lexicographie implique un certain nombre de pratiques moins visibles que la rédaction proprement dite mais essentielles : techniques d'**observation** du changement linguistique, en particulier le relevé des néologismes, techniques de construction et d'exploitation de **bases de données**. Avec le développement de l'informatique, la lexicographie se cantonne de moins en moins dans l'édition de livres papier et ouvre sur la réalisation de dictionnaires interactifs en ligne.

– Les **techniques de persuasion** : en Occident, depuis l'Antiquité grecque on a développé la **rhétorique,** une discipline qui, par l'analyse du fonctionnement du discours, vise à donner aux locuteurs les moyens d'obtenir l'adhésion d'un auditoire déterminé (voir p. 10). Aujourd'hui, le développement des médias de masse et la généralisation des stratégies de marketing à l'ensemble de la communication sociale ont donné une ampleur considérable à ce type de technique. La linguistique, comme d'autres disciplines (en particulier la sémiotique de l'image ou la psychologie sociale), est constamment sollicitée pour améliorer leur efficacité. Les travaux des linguistes n'aident pas seulement à la rédaction de textes publicitaires ou de tracts politiques ; ils peuvent aussi servir à enseigner la vente, à la négociation de contrats, etc.

– Le domaine **médical** : l'*orthophonie* est impliquée dans l'éducation des muets ou des sourds, dans la rééducation de ceux qu'un accident ou une maladie a privés de l'usage de la parole, en particulier après un accident cérébral. Mais la linguistique peut également jouer un rôle dans de nombreuses techniques liées au traitement de la santé mentale, dès lors que le langage tient une place essentielle dans toute relation thérapeutique de ce type. Aujourd'hui, cet intérêt pour l'usage de la parole en contexte médical va bien au-delà de la psychopathologie : c'est l'ensemble des échanges entre le personnel médical et les patients ou à l'intérieur du personnel médical qui peuvent faire l'objet d'investigations, avec l'espoir d'améliorer à la fois le fonctionnement du système de santé et la guérison des malades.

L'informatique linguistique

Le développement de l'informatique a profondément renouvelé la linguistique appliquée. On a ainsi vu apparaître ce qu'on appelle des **industries de la langue**, dont la croissance est à présent exponentielle. On peut en énumérer certaines :

– L'**enseignement assisté par ordinateur** (EAO) modifie l'enseignement traditionnel en élaborant des logiciels à visée pédagogique. Certains logiciels sont à usage individuel, d'autres s'efforcent de renouveler les pratiques scolaires traditionnelles, destinées à une collectivité.

– La **traduction automatique** cherche à mettre au point des logiciels qui soient capables de traduire des énoncés d'une **langue source** en une **langue cible**. La traduction ne se fait pas nécessairement directement d'une langue à une autre ; elle peut exiger la construction de **langages pivots** artificiels qui servent d'intermédiaires entre deux langues. En effet, sauf si les deux langues ont une morphologie et une syntaxe voisines, il est souvent impossible de passer immédiatement de l'une à l'autre ; le langage pivot est un langage neutre : on traduit l'énoncé de la langue source dans ce langage pivot, et ensuite dans la langue cible. Le rêve d'une machine qui serait capable de traduire n'importe quel texte d'une langue dans une autre langue a accompagné les premiers pas de l'informatique, après la Seconde Guerre mondiale. Mais on s'est vite heurté à des problèmes insurmontables car, pour comprendre les énoncés les plus élémentaires, la machine devrait disposer d'un savoir considérable sur le monde et d'une connaissance du contexte dans lequel ont été produits les énoncés à traduire. La recherche s'est donc orientée vers des objectifs beaucoup plus réalistes : la traduction de textes relevant de genres de discours très contraints ; on peut ainsi traduire des bulletins météorologiques, mais en aucun cas de la littérature ou de la philosophie. Les logiciels sont également utilisés pour des traductions « assistées par ordinateur », c'est-à-dire que le traducteur utilise l'ordinateur comme auxiliaire : il contrôle le travail de la machine, qui ne peut pas donner un produit achevé, immédiatement exploitable.

– Branche de l'Intelligence Artificielle, la **génération automatique de textes** vise à construire des logiciels capables d'écrire divers types de textes « fonctionnels » : répondre à une lettre, faire un résumé, écrire un article de journal, rédiger un rapport à partir d'observations… Mais des programmes plus ambitieux ont pu être élaborés, en particulier dans le domaine de la création littéraire, où on a cherché à engendrer automatiquement des récits ou des poèmes caractéristiques d'un certain genre ou d'un certain auteur. Bien entendu, il ne peut pas s'agir d'une création littéraire au sens plein du terme, c'est-à-dire qui résulte d'une expérience singulière du monde.

– Le **dialogue homme-machine** : les êtres humains passent de plus en plus de temps à interagir avec l'ordinateur. Ce dernier ne peut pas être réduit à un simple instrument ; ses concepteurs le dotent de capacités cognitives qui débouchent sur la production d'énoncés verbaux : les messages d'erreur, par exemple. Ces énoncés peuvent n'être que des réponses prédéfinies, comme dans une machine classique ; mais ils peuvent aussi être des énoncés qui ne sont pas préétablis, adaptés à une situation particulière, le produit d'une forme d'intelligence artificielle. La question de la robotisation est ainsi posée, pour peu que l'ordinateur soit intégré à un organisme plus ou moins anthropoïde qui imite les dialogues entre humains

– La **communication médiée par ordinateur** au sens large réfère à tout échange entre au moins deux ordinateurs dans un même réseau. Mais, au sens étroit, il s'agit plutôt d'étudier les communications d'ordre verbal qui sont formatées pour les ordinateurs : sms, e-mails,

« chats », conversations dans des mondes virtuels, etc. Ce type de phénomène, qui renouvelle profondément les formes de la communication verbale, soulève des problèmes considérables, d'ordres très divers : des plus techniques (les questions liées au formatage des énoncés) aux plus psychologiques (en particulier le rapport à l'espace et au temps) et aux plus sociologiques (la constitution de communautés virtuelles). À tous les niveaux, la réflexion sur le langage est sollicitée, que ce soit pour comprendre le fonctionnement de ces nouveaux genres de discours ou pour analyser les effets sur la langue qui sont provoqués par ces nouvelles pratiques.

– La **terminologie** étudie la structure et les usages des vocabulaires spécialisés, relatifs à un domaine défini : l'architecture, la médecine, le droit, etc. Aujourd'hui, grâce à l'informatique, il est possible de construire des banques de données très complexes que les usagers peuvent consulter directement. Mais le travail du terminologue n'est pas seulement de contribuer à élaborer de telles banques de données, c'est aussi de réfléchir d'un point de vue linguistique sur les termes : leur morphologie, leur création, leur identification, leur interprétation… En principe, à la différence des mots de la langue usuelle, les **termes** ont une signification univoque dans un domaine déterminé. Par exemple, « moteur » est polyvalent dans la langue courante : il peut être un nom polysémique (« Le moteur est cassé », « Paul est le moteur de cette entreprise », « Dieu est le premier moteur de toutes choses »…) ou un adjectif (« Il est l'élément moteur dans cette affaire »). Mais quand il est employé comme terme scientifique ou technique, il est censé avoir un sens univoque dans chaque domaine où il est employé : en particulier l'informatique (« un moteur de recherche ») ou la mécanique automobile (« un moteur à explosion, à injection »). La standardisation de la terminologie est une condition essentielle de la circulation et de la bonne interprétation des informations. Mais la frontière entre les termes et les mots ordinaires n'a rien d'étanche, ils interagissent constamment : l'exemple du mot « moteur » le montre bien.

– On élabore des **systèmes documentaires** pour coder l'information de textes appartenant à un domaine déterminé, de manière à pouvoir extraire tel ou tel aspect de leur contenu, en fonction des besoins des usagers. Au-delà de la confection d'index et de mots-clés, il s'agit d'élaborer des **langages documentaires** artificiels capables de représenter le contenu des documents : cela implique que soient mis au point un vocabulaire et une syntaxe artificiels adaptés à des besoins précis.

– De nombreuses recherches fondées sur la phonétique acoustique portent sur la **synthèse vocale**. Elles visent à produire artificiellement des paroles, via un système de traitement du signal. Ces techniques sont particulièrement utiles dans des situations où les locuteurs entrent en relation avec des répondeurs automatiques. Il existe deux techniques majeures de synthèse vocale. La plus ancienne, développée à partir des années 1960, cherche à élaborer de règles qui permettent de générer des suites de sons artificiels. Pour ce type de procédure, l'ordinateur n'a pas besoin de beaucoup de mémoire. L'autre technique, plus récente, synthétise des segments d'enregistrement de paroles attestées, qui sont ensuite combinés artificiellement ; dans ces conditions, la parole synthétisée est perçue comme beaucoup plus naturelle. Mais il ne suffit pas de mettre des sons bout à bout : il faut aussi tenir compte des contextes où ils apparaissent, ce qui implique qu'une attention particulière soit prêtée à l'intonation, en fonction du type de phrase (assertif, interrogatif…). Pour cela on a besoin de mobiliser d'énormes mémoires.

– L'**informatique textuelle** (ou **analyse du discours assistée par ordinateur,** ou **traitement automatique des textes**) explore des textes groupés dans des corpus. Les finalités de ces explorations sont très variables : communication politique, marketing, relations entreprises-clients, etc. Les techniques sont elles aussi très diverses. Cela va des études qui se contentent de balayer de vastes corpus pour condenser leur contenu (analyse de contenu), jusqu'à des travaux qui relèvent pleinement de l'analyse du discours, c'est-à-dire qui sont préoccupés du détail des fonctionnements linguistiques. Les plus anciens logiciels, dans les années 1950 et 1960, portaient sur la **statistique lexicale** (ou **lexicométrie**), dans sa double dimension, paradigmatique (les unités sont recensées hors contexte) et syntagmatique (on étudie les unités qui environnent tels ou tels mots, leurs « co-occurrents »). Par la suite, on a mis au point des logiciels capables de catégoriser syntaxiquement ou sémantiquement les unités du texte et on a élaboré de multiples modes de présentation des résultats. Mais, quelle que soit l'approche, le rôle de l'analyste reste essentiel. C'est lui qui, en fonction de ses hypothèses de travail, décide de recourir à tel ou tel logiciel ; c'est aussi lui qui doit interpréter les résultats, pour éventuellement relancer l'étude du corpus ou modifier celui-ci.

La résolution de problèmes sociaux

À côté de ces applications proprement « techniques », on assiste au développement d'applications étroitement liées à la résolution de *problèmes sociaux*. En particulier :
– *Les problèmes scolaires*. L'école est devenue un enjeu majeur dans les sociétés contemporaines. La question de l'échec scolaire suscite énormément de recherches où

la linguistique joue un rôle important. L'enregistrement des interactions verbales dans une classe, par exemple, peut permettre d'étudier les processus d'apprentissage d'un point de vue cognitif mais aussi l'interférence entre les relations sociales (maître et élèves) et ces processus d'apprentissage.

– *La gestion des conflits.* Il existe une demande de plus en plus forte pour traiter les conflits sociaux en termes de dysfonctionnements de la communication, que ce soit à l'intérieur d'une institution (une école, un hôpital, un bureau, une usine…) ou à un niveau plus politique, par exemple dans les relations entre le gouvernement et les syndicats. Dans tous les cas, la notion de **négociation** joue un rôle central. Ces recherches qui ont longtemps été menées de manière relativement intuitive par les conseillers en communication peuvent, grâce aux apports de la linguistique du discours, être considérablement affinées.

– *Les dysfonctionnements idéologiques.* Les recherches menées par les tenants du courant de l'« analyse critique du discours » (voir p. 142) mobilisent la linguistique pour démonter les énoncés à travers lesquels se formulent un certain nombre de préjugés qu'ils estiment nocifs, d'un point de vue éthique. Les linguistes sont ainsi intervenus ès qualité dans des commissions chargées de réfléchir sur le caractère supposé sexiste ou raciste de la langue (voir la question des noms de métier au féminin), et proposer des solutions. En Amérique du Nord, ce type de recherche participe souvent de la mouvance du « politiquement correct ».

– *L'expertise judiciaire.* La linguistique peut contribuer à éclairer les instances en charge de la justice. Ainsi aux États-Unis a-t-on demandé à des sociolinguistes d'intervenir dans des procès pour déterminer si l'anglais parlé par les Noirs américains constituait un véritable dialecte ou seulement un anglais fautif. On fait aussi régulièrement appel à des linguistes quand il s'agit d'apprécier l'authenticité de témoignages, d'aveux, de testaments, de pièces à conviction de toutes sortes. La police peut par exemple chercher à déterminer, à partir de son accent, de quelle région est originaire l'auteur d'appels anonymes. Ce type de recherche s'appelle en anglais *forensic linguistics*, qui peut se traduire par **linguistique légale**, expression construite sur le modèle de « médecine légale ». Un cas célèbre en France est celui d'une retraitée cultivée qui, avant de mourir, aurait écrit avec son sang « Omar m'a tuer » ; l'énormité de la faute d'orthographe avait évidemment éveillé l'intérêt des enquêteurs.

LECTURES CONSEILLÉES

Nous n'avons pas indiqué d'ouvrages s'adressant à des spécialistes, mais pris le parti de sélectionner, dans les différents domaines, des ouvrages d'introduction, ou des ouvrages d'un accès relativement aisé.

Dictionnaires

Dubois J. *et al.*, 1994, *Dictionnaire de linguistique et des sciences du langage*, Paris, Larousse.

Ducrot O., Todorov T., 1995, *Dictionnaire encyclopédique des sciences du langage*, nouvelle édition, Paris, Seuil.

Neveu F., 2004, *Dictionnaire des sciences du langage*, Paris, A. Colin.

Histoire de la linguistique

Auroux S. (dir.), 1990-1993, *Histoire des idées linguistiques*, (3 vol.), Bruxelles Mardaga.

Paveau M.-A., Sarfati G., 2003, *Les Grandes Théories de la linguistique. De la grammaire comparée à la pragmatique*, Paris, A. Colin.

Linguistique historique

Glessgen M.-D., 2007, *Linguistique romane. Domaines et méthodes en linguistique française et romane*, Paris, A. Colin.

KLINKENGERG J.-M., 1994, *Des langues romanes. Introduction aux études de linguistique romane*, Louvain-la-Neuve, Duculot.

MARTINET A., 1986, *Des steppes aux océans. L'indo-européen et les Indo-Européens*, Paris, Payot.

PICOCHE J., MARCHELLO-NIZIA C., 2003, *Histoire de la langue française*, Paris, Nathan.

Linguistique française

ARRIVÉ M., GADET F., GALMICHE M., 1986, *La Grammaire d'aujourd'hui. Guide alphabétique de linguistique française*, Paris, Flammarion.

CHISS J.-L., FILLIOLET J., MAINGUENEAU D., 1992-1993, *Linguistique française*, (2 vol.), Paris, Hachette.

RIEGEL M., PELLAT J.-C., RIOUL R., 1994, *Grammaire méthodique du français*, Paris, PUF.

Les modèles linguistiques

ABEILLÉ A., 2007, *Les Grammaires d'unification*, Paris, Hermès Science-Lavoisier.

AUCHLIN A., MOESCHLER J., 2005, *Introduction à la linguistique contemporaine*, Paris, A. Colin.

CHOMSKY N., 1987, *La Nouvelle Syntaxe. Concepts et conséquences de la théorie du gouvernement et du liage*, présentation et commentaire d'A. Rouveret, Paris, Seuil.

CULIOLI A., 2002, *Variations sur la linguistique. Entretiens avec Frédéric Fau*, Paris, Klincksieck.

FUCHS C., LE GOFFIC P., 1997, *Les Linguistiques contemporaines, Repères théoriques*, Paris, Hachette.

FUCHS C. (dir.), 2004, *La Linguistique cognitive*, Paris, Ophrys.

POLLOCK J.-Y., 1997, *Langage et Cognition. Introduction au programme minimaliste de la grammaire générative*, Paris, PUF.

Pragmatique, analyse du discours

CHARAUDEAU P., MAINGUENEAU D. (dir.), 2002, *Dictionnaire d'analyse du discours*, Paris, Seuil.

DUCROT O., 1984, *Le Dire et le Dit*, Paris, Minuit.

GARRIC N., CALAS F., 2007, *Introduction à la pragmatique*, Paris, Hachette.

KERBRAT-ORECCHIONI C., 1986, *L'Implicite*, Paris, A. Colin.

KERBRAT-ORECCHIONI C., 2005, *Le Discours en interaction*, Paris, A. Colin.

MAINGUENEAU D., 2007, *Analyser les textes de communication*, (nouv. éd.), Paris, A. Colin.

MOESCHLER J., REBOUL A., 1998, *La Pragmatique aujourd'hui. Une nouvelle science de la communication*, Paris, Seuil, « Points Essais ».

Sociolinguistique

BOUTET J., 1997, *Langage et Société*, Paris, Seuil.

BOYER H., 2001, *Introduction à la sociolinguistique*, Paris, Dunod.

CALVET L.-J., 2005, *La Sociolinguistique*, (5ᵉ éd.), Paris, PUF, « Que sais-je ? ».

Linguistique appliquée

BOUTON Ch., 2007, *La linguistique appliquée*, (3ᵉ éd.), Paris, PUF, « Que sais-je ? ».
Revue française de linguistique appliquée, publiée depuis 1996, numéros à thèmes.

Table

Avertissement 7

1. De la grammaire à la linguistique 9

   Une discipline ancienne 9
      Les débuts 9
      L'Antiquité grecque 10
      Grammaires latine et médiévale 11
      Grammaire humaniste
      et grammaire classique (XVIe-XVIIIe siècle) 12

   Le comparatisme et la grammaire
   historique 14
      L'indo-européen et le comparatisme 14
      La fin du XIXe siècle 15
      Grammaire traditionnelle et linguistique ... 16

2. La linguistique, science du langage 19

   Langues et langage 19
      La faculté de langage 19
      Langage et métalangage 21
      La linguistique générale 23

   Une linguistique autonome et homogène ? ... 24
      L'autonomie de la linguistique 24
      Langue et discours 26

3. Quelques propriétés du langage 29

La communication verbale 29
   L'interlocution 29
   Énoncé et énonciation 30
   L'interprétation des énoncés 31

Les niveaux du langage 33
   La double articulation 33
   Du morphème au texte 34

Le langage et le réel 36
   L'arbitraire linguistique 36
   Divers degrés d'arbitraire 37

4. Écrit et oral 39

Une relation complexe 39
   L'influence de l'écrit sur la langue 39
   La linguistique moderne et l'écrit 40

Les systèmes d'écriture 41
   Les systèmes qui visent
   à représenter le signifié 42
   Les systèmes fondés
   sur l'analyse du signifiant 44

Réalité phonétique et transcription graphique 46
   Écriture et API 46
   La complexité de l'orthographe 47
   Une zone idéologiquement sensible 48

Les conséquences du passage à l'écrit 49
   La mise à distance 49
   L'imprimé 50

Une opposition sur deux plans 51
   Oral et graphique 51
   Énoncés dépendants et indépendants
   de leur environnement 52
   Style écrit, style parlé 54

Des dispositifs communicationnels nouveaux 55

5. Données linguistiques et grammaticalité ... 59

Données et présupposés linguistiques ... 59
- Le poids de l'écrit ... 59
- La tradition grammaticale ... 60
- La diversité des théories ... 60

L'instabilité des données ... 61
- La variation ... 61
- L'unité d'une langue ... 62

Le recueil des données ... 63
- Les corpus ... 63
- L'intuition linguistique ... 64
- Les degrés de grammaticalité ... 65
- Le problème du contexte ... 66

Le problème des énoncés déviants ... 67
- La correction ... 67
- L'interprétabilité ... 68
- L'acceptabilité ... 69
- La pertinence ... 70

6. Les branches de la linguistique ... 73

La phonétique ... 73
- Perspectives phonétique et phonologique ... 73
- Phonétique articulatoire, acoustique, auditive ... 74
- La phonétique combinatoire ... 76

Morphologie ... 77
- Les types de langues ... 77
- Dérivation et composition ... 80

Syntaxe ... 81
- Spécificité de la syntaxe ... 81
- L'ambiguïté syntaxique ... 82
- Les groupes syntaxiques ... 83
- La phrase ... 85
- La syntaxe et les autres composants ... 85

Énonciation, sémantique, pragmatique	86
Les phénomènes énonciatifs	86
La sémantique	88
Les phénomènes pragmatiques	90
La linguistique textuelle	92
Conclusion	94
7. La linguistique diachronique	97
Synchronie et diachronie	98
La diachronie dans la synchronie	98
Le découpage des synchronies	98
Le changement linguistique	100
Une cause interne au système ?	100
Deux tendances contraires	100
Les familles de langues	102
Langues mères et langues filles	102
Point de vue génétique et point de vue typologique	103
Des familles de plus en plus vastes	103
L'origine du langage	104
Les méthodes de reconstruction	106
La méthode comparative	106
Études philologiques et dialectologiques	107
Les lois phonétiques	107
D'autres méthodes	108
8. Le structuralisme linguistique	111
Ferdinand de Saussure	112
Langage, langue, parole	112
La langue comme système de signes	113
Structuralisme et distributionnalisme	114
Les unités distinctives	115
La phonologie	115
Le distributionnalisme	115

9. Après le structuralisme : les modèles contemporains 119

La grammaire générative 119
- La compétence linguistique 119
- Une grammaire générative 120
- La falsifiabilité 121
- L'évolution de la grammaire générative 123

Les autres théories 124
- De nouveaux formalismes 124
- La linguistique cognitive 125
- La linguistique de l'énonciation 126
- Le rôle de l'informatique 127

10. Pragmatique, interactionnisme, analyse du discours 129

La pragmatique 129
- Les courants pragmatiques 130
- La théorie des actes de langage 131
- L'implicite 132
- L'argumentation 133

Les courants interactionnistes 135
- L'interaction verbale 135
- Le verbal et le non-verbal 135
- La dimension psycho-sociologique 136

L'analyse du discours 137
- Les objets de l'analyse du discours 138
- Quelques courants d'analyse du discours 141

11. Langue et société 145

Les contacts de langues 146
- Les interférences 147
- Sabirs, pidgins, créoles 148
- La diglossie 149
- Les politiques linguistiques 150
- La communication bilingue 151

Variation et changement linguistique	152
La variation et le changement linguistique	152
Facteurs internes et externes	152
La linguistique variationniste	154
Langues et dialectes	155
De la dialectologie rurale à la dialectologie urbaine	155
Les facteurs de la variation sociale	157
La norme	158
Le point de vue prescriptif	158
Les attitudes des locuteurs	159
Point de vue descriptif et point de vue prescriptif	160
12. La linguistique appliquée	163
Les disciplines d'application	163
Deux visées	163
Trois critères	164
Quelques applications traditionnelles de la linguistique	165
L'informatique linguistique	167
La résolution de problèmes sociaux	172
Lectures conseillées	175

Du même auteur

Initiation aux méthodes de l'analyse du discours
Problèmes et perspectives
Hachette, 1976

Linguistique française
Initiation à la problématique structurale
(2 volumes)
(avec Jean-Louis Chiss et Jacques Filliolet)
Hachette, 1977-1978
nouvelle édition sous le titre
Introduction à la linguistique française
1. Notions fondamentales, phonétique, lexique
2. Syntaxe, communication, poétique
Hachette, 2001

Les Livres d'école de la République
(1870-1914)
Discours et idéologie
Le Sycomore, 1979

Approche de l'énonciation en linguistique française
Hachette, 1981
nouvelle édition sous le titre
L'Énonciation en linguistique française
Hachette, 1991

Dialogisme et analyse textuelle
ADES, 1982

Sémantique de la polémique
Du discours à l'interdiscours
Lausanne, L'Âge d'homme, 1983

Genèses du discours
Liège, P. Mardage, 1984

Carmen
Les racines d'un mythe
Éditions du Sorbier, 1985

Éléments de linguistique pour le texte littéraire
Bordas, 1986
4ᵉ édition sous le titre
Linguistique pour le texte littéraire
Armand Colin, 2005

Nouvelles tendances en analyse du discours
Hachette, 1987

Pragmatique pour le discours littéraire
Bordas, 1990
et Armand Colin, 2005

L'Analyse du discours
Introduction aux lectures de l'archive
Hachette, 1991

Précis de grammaire pour les concours
Dunod, 1991
4ᵉ édition, Armand Colin, 2010

Le Contexte de l'œuvre littéraire
Énonciation, écrivain, société
Bordas, 1993

Syntaxe du français
Hachette, 1994
et nouvelle édition, 1999

Les Termes clés de l'analyse du discours
Seuil, « Mémo », 1996
et nouvelle édition, « Points Essais » n° 618, 2009

Analyser les textes de communication
Dunod, 1998
et 3ᵉ édition, Armand Colin, 2012

Féminin fatal
Éditions HCI, 1999

Dictionnaire d'analyse du discours
(codirection avec Patrick Charaudeau)
Seuil, 2001

Un genre universitaire
Le rapport de soutenance de thèse
(avec Claudine Dardy et Dominique Ducard)
Presses universitaires du Septentrion, 2002

Le Discours littéraire
Paratopie et scène d'énonciation
Armand Colin, 2004

Les Notions grammaticales au collège et au lycée
(avec Éric Pellet)
Belin, 2005

Contre Saint Proust ou la Fin de la littérature
Belin, 2006

La Littérature pornographique
Armand Colin, 2007

Manuel de linguistique pour le texte littéraire
Armand Colin, 2010
et nouvelle édition, « Cursus », 2015

Les Phrases sans texte
Armand Colin, 2012

Se dire écrivain
Pratiques discursives de la mise en scène de soi
(codirection avec Pascale Delormas et Inger Ostenstad)
Lambert-Lucas, 2013

Discours et analyse du discours
Une introduction
Armand Colin, 2014

La Philosophie comme institution discursive
Lambert-Lucas, 2015

IMPRESSION : NORMANDIE ROTO IMPRESSION S.A.S À LONRAI
DÉPÔT LÉGAL : AOÛT 2015. N° 128041-2 (1503958)
IMPRIMÉ EN FRANCE